皇家寺院银杏堂

HUANGJIA SIYUAN YINXINGTANG

杨再奎 刘建平／编著

西南交通大学出版社
·成都·

图书在版编目（CIP）数据

皇家寺院银杏堂 / 杨再奎，刘建平编著. —成都：西南交通大学出版社，2014.10
ISBN 978-7-5643-3458-1

Ⅰ. ①皇… Ⅱ. ①杨… ②刘… Ⅲ. ①寺庙－介绍－石柱土家族自治县 Ⅳ. ①K928.75

中国版本图书馆 CIP 数据核字（2014）第 217862 号

皇家寺院银杏堂

杨再奎　刘建平　编著

责任编辑	张　波
特邀编辑	周次青
封面设计	墨创文化
出版发行	西南交通大学出版社 （四川省成都市金牛区交大路 146 号）
发行部电话	028-87600564　028-87600533
邮政编码	610031
网　　址	http: //www.xnjdcbs.com
印　　刷	四川省印刷制版中心有限公司
成品尺寸	170 mm×240 mm
印　　张	7.75
字　　数	115 千字
版　　次	2014 年 10 月第 1 版
印　　次	2014 年 10 月第 1 次
书　　号	ISBN 978-7-5643-3458-1
定　　价	40.00 元

民族文化典藏　　　　县庆卅年献礼

《皇家寺院银杏堂》编审委员会

顾　　　问：郑　平　左　军　吴立培　李燕明
吴　韦　冉雪梅

编委会主任：陈志泰

编　　　委：谭运祥　罗智予　方利加

编　　　著：杨再奎　刘建平

书名题字：赵丛苍

序一

我到过银杏堂，那是一年前较这个季节稍早时候，由杨再奎和刘建平领陪着，实现了我来石柱多年未了的心愿。在寺院内外，我不停按动相机快门，直到天黑，觉未尽兴。

短短几小时，留下难以抹去的记忆：庄重、静穆的殿堂，琳琅满目的石刻、木雕，威严、传神的雕像，还有灵鹫峰参天古木、脚下绵软而富有弹性的厚厚枝叶……至今回忆起来，仿佛都在眼前。

那是个让人轻松、神往、惬意的世界。我自诩有大爱自然的秉性，但我相信，即便不具备此等天性者，照样要被这里的景致与氛围所俘虏！

杨、刘二位滔滔不绝地给我讲着眼前的一切，他们对这里的爱是发自内心的。杨再奎是闯过大世界的人，如今能潜心躬行这偏之一隅的佛门之事，算不容易吧。他知识面宽，反应敏捷；建平君则勤勉多智，且于本地物产文化耳熟能详。他俩联袂立著，谓之佳配。

银杏堂，贵在皇家。她是历史赐予石柱人一份宝贵的文化遗产和文化资源。银杏堂历风雨世变，几度兴衰，其建筑、物用能存留今天，亦为万幸。将她当今面貌内涵客观记录留传后世，盖为明智之举。其对于提升银杏堂之影响、弘扬石柱本域文化能量，乃至深化佛教文化研究，一定具有重要的意义。

我更愿将这本著作看为一部志书，书中对寺院历史沿革、典型风景详加汇集注释，对牌匾、楹联、碑文作著录和考证，对建寺修缮以及历代方丈传承进行整理爬梳，确如一本“银杏堂志”。

本书的文字手法也值得一赞——“天外神钟”“白果成仙与寺名由来”“神龙复活”“教化犀牛”“僧兵传说”“寺内观音菩萨由来”等传说故事，趣味横生，耐人寻味。还以置问的方式，一个个作答“古寺地界之谜”“寺院建筑之谜”“古寺碑刻之谜”“寺庙地名之谜”“古寺人物之谜”“寺庙僧兵之谜”“石柱寺庙布局之谜”“石柱厅志遗失之谜”八大谜题，可谓引人入胜。

作者对银杏堂的内涵与意义述说已颇到位，而我想得更多的是如何对其进行有效保护。县里已为之做出积极努力，上一级政府当给予其应有的关注与重视，提升保护级别和加大保护力度可视为当务之急。

赵丛苍
（西北大学文化遗产学院教授，曾荣获全国十大考古学家称号）
甲午秋写成于西北大学

序二

银杏堂，原名蟠龙寺，坐落于重庆市石柱土家族自治县河嘴乡的盘龙山中。该寺始建于唐代，距今千年历史，与梁平双桂堂齐名，并称“川东姊妹堂”。1984 年被县人民政府定为县级文物加以保护，2009 年升级为重庆市重点保护文物单位。

寺院坐东北朝西南，上下共分四层殿堂，逐级上升倚山而居，第一级为塔院和关帝殿（今毁），二级为天王殿，三级为大雄宝殿，四级为藏经楼和法堂。现寺院占地面积 60 亩，建筑面积 8000 平方米。

据寺内古碑记载：寺院原占地近万亩，建筑面积近两万平方米，建有五座下院、四处塔林，以及两处练兵场。寺内建筑多为明代砖木结构，典型的宫廷式风格。楼台气宇轩昂，森严庄重，虽历经千年沧桑，几度兵祸人灾，仍不失当年皇家寺院的庄严。

古碑又载：明宣宗成皇帝三传前该寺册封为皇家寺院，明万历年间方丈永真上人被册封为和尚将军，事后因北上勤王有功，崇祯帝赐秦良玉之义女与其成婚，后离蟠龙寺，入石柱三教寺任方丈。

银杏堂自明代起常年住锡八百僧兵护寺，寺内僧兵曾多次随巾帼英雄秦良玉出征，相继参加过平播州土司杨应龙和酉阳土司奢崇民叛乱，抵抗大西军的侵疆，北上勤王血战清军等战役，并立下赫赫战功。

第三十五世方丈破山大师乃明代高僧，公元 1644 年由明朝廷吏部尚书郎牟秉素与西南兵马总节制樊一蘅，肃简迎天童衣钵正宗弟子破山禅师入住蟠龙寺，公元 1649 年春初因朱容蕃兵变寺院遭劫，兵部尚书吕大器劝大师随其部转退贵州，大师不愿前往，从三教寺隐退至万州，后于 1653 年秋在梁平县万竹山中修建福国寺（今双桂堂）安居。

继朱蓉蕃兵劫之后，清康熙年初寺庙又遭二次兵祸，此次兵祸最为严重，大部分珍贵文物被盗被毁，就连明朝万历年吏部（宫宝）尚书卫承芳撰写的寺碑也没能幸免于难。乾隆二年，随着反清复明运动的平定，寺院更名为银杏堂后得以恢复重建，历经临济正宗第三十六世真明大和尚、上透下月，三十七世上大下魁、上了下凡大和尚，三十八世上绪下辉大和尚，以及上净下缘等高僧的努力修建，寺院又重显旧时辉煌。

现今在政府和十方信众的大力支持下，残存的古寺院得到了应有的保护和恢复，寺院的修缮工程业已全面启动，同时又对寺院的历史文化进行了大量的挖掘和整理，此等善举必令千年古寺再复重光。

善哉，善哉！

释道坚

（重庆佛教协会副会长、华岩寺方丈）

2014 年 10 月于重庆九龙坡华岩寺

目录

第一章　银杏堂概况

一、银杏堂简介

银杏堂原名盘龙寺（又叫蟠龙寺），坐落于重庆市石柱土家族自治县河嘴乡银杏堂村的盘龙山中。该寺始建于唐武德年间，距今一千三百多年历史，乃西南地区保存较为完整的皇家寺院，并与梁平双桂堂合称川东姊妹堂。清代前历经果聪、大舟等大和尚修建，寺庙曾一度香火繁盛，名盛川东。1984 年 12 月石柱土家族自治县人民政府将银杏堂定为县级文物保护单位，2009 年升级为重庆市重点文物保护单位。

寺院创建于盛唐时期，中兴于明代，清乾隆后享有“川东二堂”之誉，是川东地区仅存的一座皇家寺院。1642 年明代高僧破山海明禅师受明吏、兵部之请，入寺兼任第三十五世方丈八年。南明永历六年（1648 年）寺院遭遇兵变，兵部尚书吕大器从石柱取道入黔，请大师随同前往云南，大师未从，入梁平，而后建福国寺（今双桂堂）。

银杏堂殿堂依官渡河、盘龙山、灵鹫峰逐级升高，建筑格局均为三层宫廷式，遵守宋明僧制，历经唐、宋、元、明、清多次精心打造，终建成四重大殿、塔院、僧兵住地和凤凰、正龙、七龙、龙凤、黄龙等五大下院。后遭人为毁坏，至今残存建筑不足一万平方米。残留殿堂庄严崔巍，蔚为壮观，大雄宝殿两条金龙依柱而盘，栩栩如生，气吞山河，尽显皇家寺院风范。遗址显示东西廊寮，配套齐全，错落有致；天井海坝，楼台廊道，主次分明，防御严谨。畅游全院，和双桂堂有异曲同工之感，夏能避暑，雨不湿足，真可谓：古树隐寺送秋凉，天雨成帘观鹫翔；不闻林间起钟鼓，谁知佛陀此山藏。

如今寺院坐西北朝东南修建，共分四级殿堂，逐级上升倚山而建。第一级为塔院和关帝殿（今毁），二级为天王殿，三级为大雄宝殿，四级为藏经楼和法堂。其中大雄宝殿和藏经楼为三层宫殿式建筑。建筑结构大多保存原有的明代砖木结构，寺院主体为三层式宫殿建筑风格，屋脊屋檐多为龙凤相配。目前残存的建筑物除大雄、天王、三圣殿和法堂、斋堂、客堂及藏经、居室二楼外，其余建筑多数被毁，只剩遗址。寺院现占地面积六十亩，建筑面积四千二百平方米。据寺院古碑记载：明代时占地近二万亩，建筑面积两万四千多平方米，相继建有千佛塔院、金屏山、肖家坪两处塔林群，两处练兵场和凤凰寺（又称凤凰庵），以及王母城等建筑群体。

现寺内残留建筑多为明清砖木结构，典型的宫廷式风格。楼台气宇轩昂，森严庄重，虽然历经千年沧桑，几度兵祸人灾，仍不失当年皇家寺院的壮伟。

古碑记载："室者自少昊迄怀崇四千五百八十六年中，几不可多得，甚哉！守成之匪易，易事也惟我。国朝自世祖开基，圣祖嗣统，逮三传而至。宣宗成皇帝，圣圣相承，世守勿替，国家承平已数百年矣。方今，皇上御宇，神武英明，仁慈恢廓，远鉴帝王兴废成败之局，近守祖宗缔造艰难之德，中外肃穆，皇图巩固骎骎乎，有万世无疆之休马，难曰天运使然，岂非人事哉……"此段碑记阐明了银杏堂被封为皇家寺院的来历和其册封的具体朝代，又说明了该寺建于西南的目的和作用，同时进一步证实了民间广为流传的寺院养有八百僧兵之说。

碑文中所提怀崇指明朝最后一位皇帝崇祯帝朱由检（1627— 1644），宣宗成皇帝指明朝第五任帝王朱瞻基（1425—1435），依碑文内容：从宣宗帝前推三传，即自明代第二任帝王惠帝（1398—1402）起，银杏堂就已经被册封为皇家寺院了。至于"圣圣相承，世守勿替，国家承平已数百年矣。"这段文字是否暗喻该寺庙除了用于风水之说外，还是大明王朝设在西南地区的秘密军事机构，还有待进一步论证。

千年古刹必有千年传说：在民间关于银杏堂的传说不胜枚举，其中最富有传奇色彩的是僧兵传说。关于僧兵一说并非属于传说，事实上寺院在明代确实驻有八百僧兵，领兵的将领便是盘龙寺方丈永真上人。该寺僧兵曾随巾帼英雄秦良玉参加播州（今贵州遵义）平乱、四川奢宗明叛乱、北上勤王等战役，并立下赫赫战功。永真上人曾任秦良玉白杆兵总教头，北上勤王时因其战功卓越，崇祯皇帝应允其还俗，并将秦良玉之义女赐予永真上人为妻。同时，还恩赐凡入住石柱三教寺的和尚可以吃荤，娶妻生子。因此，在民间留下了皇帝给和尚赐婚的传说。永真圆寂后与秦良玉同葬于石柱回龙山中。

公元 1642 年，明朝吏部尚书牟秉素奉差金陵，遇朝宗和尚告以天童衣钵正是破山大师，归乡与西南兵马总节制樊一蘅商议，肃简迎破山禅师入住盘龙寺，大振法道，朝夕咨决，甚惬积怀。万福则有潭兵部道四，阖放讲武，累世谈兵，虽当大乱之际，无敢侵梁万之疆，安居在阵云阐化亦如治世。后末双桂。

公元 1648 年，因朱容蕃兵变，寺院遭劫。兵部尚书吕大器劝破山大师随其部转退贵州，大师不愿前往，自石柱三教寺退至万州，后于 1653 年秋在梁平县万竹山中修建福国寺（今双桂堂）安居。

朱容蕃兵劫之后，清康熙年初寺庙又遭二次兵祸，此次兵祸最为严重，大部分珍贵文物被盗被毁，就连明朝万历年吏部尚书卫承芳撰写的寺碑也未能逃脱一劫。乾隆二年，随着反清复明运动的平定，西南地区长达几十年的战火也同时得到了平息。时任石柱宣慰史马宗大、马孔昭父子，在陈秦二姓的资助下，重修寺庙，改名银杏寺，并恭请双桂堂上透下月大和尚出任方丈。清道光年间，因火灾重修，改银杏寺为银杏堂。光绪十九年由净缘方丈又重修大雄宝殿。

除此之外，寺院还暗藏许多玄机和无数未解之谜。例如：古碑残文中曾有这样一段文字：“……广东被孚（俘），教南移登什结于此山……成败迭相”。此句中被孚（俘）之人是谁？是指南明隆武帝还是另有其人？谁又转移到银杏堂来了？是整个南明朝廷迁于此处，还是单指永历皇帝？“教”字又暗示什么？1649 年朱容蕃于夔州（今重庆奉节）私立朝廷之后，为何起兵十万攻打石柱？相国吕大器为何闻石柱被寇除发兵急救外，还冒着生命之危急赴石柱？后又知何事不可为从石退黔？寺庙壁画和柱头为何都只配八条龙？清代重修之时又为何人为抹去前朝所有文字记载资料？

总之：千年皇家古寺银杏堂的秘密远远不止这些，还有无数的未解之谜等待我们去一一破解。

新中国成立后，寺院曾一度作为河嘴乡政府、银杏堂村民居住地、集市和学校、供销社等驻地，“文革”期间寺内大部分建筑物及文物被毁。1984 年县政府积极组织人力、财力对寺庙进行部分修缮，有效地避免了银杏堂这座千年皇家寺院被完全毁灭。

现今，在党和政府的大力支持下，残存的古寺院得到了应有的保护和开发，并于公元 2002 年正式启动维修保护工程。2013 年，石柱土家族自治县人民政府又对整个古寺进行有效的保护和规划，再现皇家寺院的风貌和庄严。

二、银杏堂沿革

关于银杏堂的历史成因问题，因史料记载较少，有些介绍只是根据民间相关传说，至于它的真实性还有待进一步考证。寺院内文字记载大都被毁，残存的古石碑文字虽然残缺不全，且整理起来相对艰难，但还是为我们提供了许多文物实证，弥足珍贵。

经过近两年的资料收集整理，我们将银杏堂之历史成因分为两个阶段进行阐述：一是无文字史料记载阶段，该部分主要指从唐代至清乾隆二年，当然该阶段并非完全无史料记载，只是掺杂的民间野史居多而已；二是从乾隆二年至今，该阶段大都有史料为证，文字记载相对较多，其真实性较高。

（一）建寺始因

民间相传，南宾建县伊始，县城曾选址于此。开工不足三日，挖出一尊石头菩萨，当地人见菩萨出世，以为是菩萨显灵，立即阻止施工，不让修建县衙。朝廷一时无法，想出一个折中之法，取现今县城南宾镇之泥土与银杏堂处泥土对称，两地之土谁处重，便在谁处修建县城，结果银杏堂泥土轻于南宾，县城自然改建于南宾镇，银杏堂之地改为修庙。

民间另一传说大致如此，惟一不同的地方是移县城于南宾是出于风水的考虑。其主要原因是盘龙山银杏堂之风水为“天子风水”，只因青龙位低于白虎位，自古民间有“宁可青龙高万丈、不愿白虎抬寸头。”又因风水学“白虎生将军”一说，将军多、国必乱。县城建于此，将对国运不好。必须修庙镇住此处风水，以保国泰民安、风调雨顺。因此将县府移建南宾。

以上两种说法，究竟哪种说法更为准确？现今也无法找到证据论证，倒是寺庙乾隆十六年立的一块古碑上所刻文字可做参考。“……赏观坤鸡之内，凡得钟灵奇秀之福地，必有闲士大夫以崇功者，皆应吾佛世尊于灵山之记嘱也。间或盛业，废之不常，亦时遇理数之有待兹。龙盘山银杏堂寺者，乃古踪之招堤，其龙脉发生，迢逅难审。近数里许，耸然而起。巍峨层叠，偃然而伏。曲折蜿蜒而穴焉。于中，古寺森然，残喈嘁然；梅竹环然，松柏行然。仰之俯之，带水湍环。佳葩异木，四季芳菲。紫雾彤云，常时乘霭。林簌泉琴，频闻书夜。猿歌鸟咏，每听阴晴。壮瞿塘之胜地，冠石柱之精。”

解析此段碑文，民间第二种说法的可信度倒是稍许高些。而事实上从地理环境学上分析，第二种说法也更相近。在这一点上，笔者经过实地考察，听取几位民间风水师的观点，结合易经学说理论，最终得出以下观点。

初建银杏堂的始因的确是风水之说。其依据除了寺内古碑文字记载之外，地理环境也在其中。我们都知道中国是一个具有五千年传统文化的文明古国，各民族都有自己本身的风俗习惯，无论做什么事都有一套规矩，都有一种学说为依据行事。从古至今，风水学这一理念早已成了人们建城、修造家园等的基本准则，民间自古有这样一种说法：“天下好风水大都被寺庙占据。”石柱银杏堂之风水也不例外。

纵观银杏堂的地理环境，寺庙坐西北朝东南，中轴线以西北和东南方中心线为基点分别向两边修建。盘龙山因其山形酷似盘龙的形态而得名，整个山脉共分九峰，蜿蜒数公里，官渡河顺其山脚蜿蜒而过，当河水流到盘龙山第一峰灵鹫峰脚，画了一个半圆后，从灵鹫峰的另一边缓缓流过。灵鹫峰又称龙头，总面积约三百亩，半山腰上对称有两口半亩大的天生水塘，犹如龙的两只眼睛，而寺庙就建在水塘以上部位，即龙头顶上。

寺院正前方其位可见山景为二层，前山山形为笔架山状，后山山形则乃一山三形，即可见之山的形状分别为：男身平躺仰视天空，金元宝状立于庙前，玉玺状置于笔架山后。此处景致古碑描写道："带水屏山大望珠，龙持珠宝风衍书。"另，其它残碑也多次提到"宝珠涌现……钵奉明珠养世尊"，只因古碑残缺不全，能找到的相关文字记载也就仅于此了。

寺院的左面乃西南方，因其最远处山形似一尊女像仰睡于庙门的左前方，民间便称之为睡观音，其位于正南方。

寺院的右面乃东北方，此处山势较矮，视野空远。

综合以上地理环境分析，也正应了民间所说的"风水"之地。

（二）皇家寺院的由来

出于风水原因，银杏堂最初在唐代时只不过是一座风水之庙，当历史的车轮进入到明朝时，银杏堂也同时迎来了一个新的变化，至于因何摇身一变又成了皇家寺院，只因寺内大部分文史资料被毁，唯一能找到的证据就是被封皇家寺院的朝代和大概年代。单凭这点资料也没法去论证其皇家寺院的详因。因此，笔者只能根据当时的历史情况进行推演。

明朝自朱元璋 1368 年起，至崇祯朱由检止，前后共计 276 年。为了让朱家皇朝长期巩固下去，从 1369 到 1391 年，朱元璋陆续分封诸皇子及侄孙为二十五个藩王，把他们的驻地分配到全国各地，使他们拱卫京师。同时，他又怕藩王权力大了，就又规定内地诸王只领三千护卫，并且不许干预民政。同时还设置了锦衣卫这样一个机构，用于暗中监督朝中大臣及地方官员。朱元璋死后，惠帝继位。惠帝害怕藩王势力的膨胀，听了齐泰、王子澄的阴谋，采取了削藩的步骤。他刚削废了几个藩王，势力最大的燕王在谋士姚广孝的策划下，就起兵造反了，惠帝和燕王间争夺政权的战争，一直打了四个年头。公元 1402 年，应天陷落，惠帝于城破后去向不明。明成祖夺得皇帝位后，解除了所有藩王的兵权，使封建专制的统治又有了进一步的加强。

在这种特定的历史环境下，明王朝不可能只设置锦衣卫这样一个监督机构，必定还有其它秘密辅助机构，而这个机构除了不让世人知晓，而且权力还特大，具备先斩后奏之权力。根据朱元璋的发家史，选择寺院做这样的机构是最好不过的了，佛门乃清静之地，给世人的感觉是不问世事，谁也不会想到寺院会与朝廷政治有关。藩王被削去兵权，地方需要监管，西南又属少数民族地区，大都实行土司制，直接驻扎太多军队，难免又会引起当地少数民族的多疑，出于为政权稳固，防止地方势力扩充叛乱，寺院内再驻僧兵用于应急也就自在情理之中了。

在这一点上，寺院古残碑有这样一段文字记载："室者至少昊迄怀崇四千五百八十六年中，几不可多得，甚哉！守成之匪易，易事也帷我。国朝自世祖开基，圣祖嗣统，逮三传而至。宣宗成皇帝，圣圣相承，世守勿替，国家承平已数百年矣。方今，皇上御宇，神武英明，仁慈恢廓，远鉴帝王兴废成败之局，近守祖宗缔造之德，中外肃穆，皇图巩固骎骎乎，有万事无疆之休马。难曰天运使然，岂非人事哉……"

细究此碑文，不难从中看出其端详。宣宗成皇帝乃明朝第五任皇帝朱瞻基，其执政时间为 1425 年至 1435 年，三传而至。依此类推，至少在惠文帝执政期间银杏堂就已经被册封为皇家寺院。至于寺院为何要驻锡如此之多僧兵："宣宗成皇帝，圣圣相承，世守勿替，国家承平已数百年矣……"这段文字记载应该能说明问题了。

（三）明末清初后的没落

随着明朝政权的摇摇欲坠，举国上下一片动乱，西南地区战乱连年涌现。作为朝廷暗设于西南地区并负有替国家承平责任的皇家寺院银杏堂，不得不从暗中走出来参与战事，自万历年间开始，在民间关于僧兵的传说越来越多，从随秦良玉播州（今贵州遵义市）平乱开始，历经了平定永宁（今四川省叙永、筠连、古蔺等县）奢崇明叛乱、阻击大西军犯境、北上勤王等战事。在众多的民间传说中，传得更为神奇的是反清复明，顺治二年（公元 1644）至康熙初年（公元 1661），这段时间里的故事，几乎是发生在川东地区（今重庆市所辖各区县）的各个战场都活跃着僧兵的身影。

尽管在所有的正史中，查不到关于盘龙寺（今银杏堂）的记载，但并不等于这只是传说。在寺院古碑留下的悬念中，通过分析民间相关传说，以及查阅部分当时曾经参与其间的历史名人的简史和诗集，隐隐可以查证到某些传说的真实性。明代高僧《破山海明禅师语录》中有许多诗和示偈，以及年谱中都暗藏着与民间传说相符的文字踪迹。例如：大师语录中关于僧兵，曾有诗为证："削发为僧三九年，将期此世得完全。谁知趋吉遭涂炭，始信随缘受倒悬。济众日携解虎锡，从军时荷赶山鞭。老来不问贤愚节，半学兵书半学禅。"另一首为："和尚将军，将军和尚。情有僧俗，理无背向。君之宝刀，我之白棒。杀人打人，当仁不让。"更具代表性的一首诗是《吊永真上人》："从军识面始为因，避乱重逢拂袖行。气岸夙坚超彼岸，归仁远大过能仁。从林炳焕招龙象，法范森严奔水云。吾将鄙句开灵骨，永镇金刚不坏身。"

1649 年，朱容蕃兵变寇石柱，寺院尽毁，破山大师未随相国吕大器入黔，转道浦州（今万州）金城山。1651 年复石取衣钵，后于 1653 年秋修福国寺（今双桂堂）。自此，盘龙寺沉寂在历史的长河中，直到清乾隆间更名银杏寺后又再度出名。

（四）清中期的繁盛

清康熙年间，本地陈、秦二姓捐田 20 余石、由僧人厚沛复建盘龙寺，清雍正元年（1723 年）定慈和尚再次复建。因当时蜀地人烟稀少，战火涂炭，香火一直不旺。直到清乾隆二年（1737 年），临济正宗三十六世传透月大和尚由梁平双桂堂入寺主持寺务，更名银杏寺后，方才佛法大振，香火繁盛，再度成为川东各地寺僧安禅传戒的十方大丛林。与梁平双桂堂合称川东姊妹堂。其香火一直繁盛至 1949 年。

寺庙从始建至今，历经唐、宋、元、明、清等朝代及民国，千年中曾经过四次大型修缮，有史记载的最大一次修缮是明朝正德年间。明万历年封为皇家寺护院后又进行过一次大的扩建，并由宫保尚书卫承芳撰写寺碑，此碑后毁于清康熙年庙灾，至于碑中之文今已失传。清乾隆初年改寺名银杏寺，同治年又进行一次修复。清道光十年又进行一次重修，并立重修碑记。最后一次修缮清光绪十九年由方丈净缘和尚主持修建。

（五）寺院兵火之灾

寺院为何在前后不到二十年的时间里遭两次兵灾？乾隆初年复建时，为何要人为抹去寺内自第一世起至三十五世的所有文字资料，就连刻在大殿石柱和碑上的所有文字也统统刮掉，重新刻上清代的东西，原文到底记载了些什么？要花费这么大的工夫去抹灭它，就连寺庙的名也一同改掉，真不知这样做的目的和用意何在。

翻阅石柱乾隆年厅志，关于兵祸之说，史料记载厅内发生最大的一次兵祸就是，南明监国朱容蕃于夔州（今重庆奉节县）私设朝廷私刻封印后，举兵十五万进攻石柱宣慰司，进攻路线从云阳至万州入石。南明朝廷兵部尚书吕大器闻讯石柱被叛贼包围，急调余大海、李占春、谭氏三兄弟三大总兵，各领部下所有兵马解救石柱，此战加上石柱宣慰司之兵马，双方投入作战的兵马差不多近三十万；也就是这场兵祸，给银杏堂带来了几乎可以说是灭顶之灾，同时也留下了无数的秘密令后人费解。

二次兵祸发生于康熙初年，又称庙灾，受此次事件波及的不只是银杏堂一家寺院，而是整个西南地区百分之八十的寺院遭毁，川东地区更为严重，石柱一百多座寺庙几乎没有一家寺院能完整地保存下来，至于因何引得清政府对寺院大动干戈，这又成了历史的迷惑。

（六）新中国成立后的复兴

新中国成立后，为保护好庙宇，在土地改革时期政府采取了变更用途的措施，曾一度作为河嘴乡人民政府和小学、供销社、卫生院、粮站，以及银杏堂村村民等住地。80 年代文物管理部门对有关建筑、文物作了调研，及时阻止了进一步的毁坏行为，并于 1984 年报请县人民政府批准为县级文物保护单位。2003 年 9 月石柱县人民政府确定并公布了银杏堂的保护范围，同时对残存下来的部分建筑物进行了保护性修缮。县文物管理部门同步成立了银杏堂文管处，对银杏堂实行单独管理。2010 年 7

月升级为重庆市重点文物保护单位。又于 2010 年 8 月开光对外开放，供游人参观。

三、银杏堂十四景

根据寺院古碑记载，银杏堂共分十四处自然景观，只因古碑损坏严重，大多文字遗失，再加上老地名年久失传，附近村民大多属湖广填四川移民，前期碑记地名与现地名差异较多。因此，在破译古今地名、景观中，只破译了部分景观。有些景观还处于未界定之中，所破译景观大致可分为如下十大景观。

第一景：宝珠光放佛头顶

此景所描绘的是庙对面的山景，因为此山山型似睡佛，又似金元宝，正好立于官渡河前。每逢阳光灿烂之日，晨间太阳从山后升起，太阳与睡佛头成一直线时，宝珠与佛头在阳光的照射下闪闪发光，所形成的光环五光十色，再加上天空泛起的红晕相衬，宝珠与佛头更是相映成晖。此景最佳观赏位是寺庙天王殿大门处；观赏时间，冬季晴天晨间八至九点，春夏两季早上七至八点。

第二景：带水屏山大望珠

此景又称钵奉明珠养世尊。同指寺庙对面睡佛山，因此山山型似睡佛，又似金元宝，带水指官渡河，屏山指寺院左侧金屏山。每逢山里无雾之日，站在金屏山顶放眼向寺庙对面望去，此处的景色不再是一山多景，能看到的景观只是钵中放着一颗明珠。此景只要无雾随时可见。

第三景：凌霄城郭隔云城，王母城池望更遥

此景指王母城，每逢天空放晴，站在盘龙山顶望去，整个王母城犹如云中之城，山顶翠绿苍劲，半山云雾缭绕，移动的云彩托起整个山峰，峰随云涌，云推峰动，山顶上的寺庙在云中时隐时现，犹如天庭里的灵

霄城般悬于空中。刹那间给人一种置身仙境般的浮想，既向往又遥不可及，在一阵心旷神怡之后，恨不得乘着一朵祥云，随云飘进灵霄城里，尽享仙境生活。

此景观赏最佳地点为盘龙山第五峰，又名孙大田；观景最佳季节是每逢晴朗之日。

第四景：天然玉带锁蟠龙，回龙潜迹卧苍江

此景指盘龙山与官渡河。官渡河顺龙尾沿前后龙爪绕龙头缓缓流入长江。清澈透明的河水在阳光下，泛着晶莹剔透的银光，恰似一条白色的玉带锁着整个盘龙山，将寺庙和盘龙山环绕其间，玉带隐于群山翠岭之间，时隐时现。

此景最佳观赏地点：寺庙正对面笔架山和佛头山顶，从此处瞭望寺庙，整个盘龙山像一条龙盘于盆中，玉带似的官渡河环绕其间，正如古景所描绘的一样。

第五景：石僧悟经不计秋，屹石僧伽于艇山

此景距银杏堂 2.5 公里，今石柱河嘴乡联盟村与湖北利川罗湖店花园村交界，山前属石柱，山后属湖北。因此山山形像一艘停于海上的舰艇而得名，古称艇山，今称船石山，山顶中央（即船的前舱后面）有两尊酷似人型的石柱，其形态似打坐的僧人，故取名石和尚。现今只剩下一尊石和尚像，另一尊 1975 年被雷击毁坏。

明代高僧破山大师入住银杏堂时曾多次入此地朝拜，并留下《题崖艇和赠两石禅人》两首诗，在题崖艇诗中大师写道：“孤艇危崖疑乃声，而今满载未通津。天仙桥自牢关锁；直到驴年不放行。”

赠两石禅人：“几度来崖艇，诗瓢未尽欢，欲离文字学，且逐水云山。拔剑安人忌，挥锄得路还。此行真太息，无复弄钓竿。”

此景现未开发，每逢观音生日，朝拜人流较多。

第六景：蟠龙翼凤日追攀，木鱼响彻凤凰庵

此景今指银杏堂和凤凰庵，两庙隔河相望。凤凰庵原为蟠龙寺下院，建筑面积约三千平方米，可容百人修行，专供尼姑修行之用，今毁，空留遗址。因两庙相邻，凤凰庵的比丘尼从不担心早晚课不准时，寂静山中互闻钟鼓起经，只要银杏堂的大木鱼响起，凤凰庵的比丘尼便跟随银杏堂的木鱼声唱赞诵经，形成一道独特的人文景观。

第七景：龙持珠宝凤衔书，木鱼莲钵不轻敲

此景指盘龙山与对面的金元宝。因龙嘴正前方正好是放珠宝的位置，从侧面看去就像一条龙吞吐宝珠，“凤衔书”指现罗家岭，从宝珠顶向下望，整个罗家岭就似一只衔书飞舞的凤凰，“木鱼莲钵”指庙前右侧的一座小山，因山型长得像和尚敲的木鱼而得木鱼堡的称号，木鱼堡伫立在官渡河旁，官渡河流经此处依寺庙前山势划了一个半圆，其形状恰似和尚化缘的钵。

观此景最佳位置：庙前对面笔架山。

第八景：向阳和尚补袈裟，和尚敲鱼上佛堂

此景描绘的是寺院人文景观，意指晨间早课时的情景。每天寺院晨钟响起，住在千佛塔院及东西厢房的僧人，手敲木鱼，口念经文，从各自住的禅房走出，汇集在寺院天王殿前，而后有序地进入大雄宝殿上早课，几百号僧人的队伍，绕殿之时是何等的壮观。

早课之后，无数僧侣聚在寺院大石坝上，在朝阳的照耀下，补袈裟、缝僧衣，远远望去，晨曦的柔和，古柏的苍翠，古刹的庄严，阳光下闪着金黄色的袈裟僧衣，以及石坝上三三两两缝补的和尚，这一切融在一起，真有一种超凡脱俗的意境。

现今，这番景致早已成了远去的历史和古碑上残留的文字。

第九景：俯望龙沱绕凤台，回首瑶池望不迷

此景描绘的是整个银杏堂和四周的景色。“龙沱”指寺庙所在地灵鹫峰，“凤台”指罗家岭上的凤凰庵，“瑶池”指王母城，王母城距银杏堂28 公里，原属银杏堂下院。站在观音菩萨睡像上回首望去，王母城深嵌云中，玛瑙城时隐时现，铜锣城清晰可见，大自然的巧夺天工，塑造出自然的形态，与现实生活中的景物形相似同，留给人们无数的遐想，一幅仙景于眼前，只让你看得见却摸不着。

此景最佳观赏点：佛头山顶和观音睡像山顶。最佳季节：四季晴朗之日。

第十景：朝阳远寨燕拂云，得得金鸡引凤莺

此景描绘的是晨间太阳初升时的情景。每逢春夏季节，太阳从东方升起，最先看到的是与太阳在一条线上的金鸣寨，太阳在寨后升起，将整个山寨染得通红，此刻间栖息于寺庙周围的燕群、灵鹫以及各种鸟类在寺院钟声的惊扰之下，纷纷飞向天空。钟声、鸡鸣、鸟语、阳光交映在一起，唤醒沉寂了一夜的山林田野，以及熟睡的村庄。刹那间，一切具有生命力的东西开始苏醒，新的生命、新的生活又书写着新的篇章。

金鸣寨今已毁，山上已无住户，佛头山两边原有两寨，左边鸡鸣寨，右边洞山寨，两寨都建在山顶之上，三面悬崖，入寨就一条独路，有一夫当关、万夫莫开之险。

目前因石碑文字毁坏严重，余下景点还在破解之中。

第二章　银杏堂史料

一、牌匾楹联碑文实录

碑匾自秦汉以来，是中国独有的一种文化符号，它融合了汉语语言、书法、篆刻、雕刻、传统建筑、行为思想、艺术性及史料记载等于一体的文化艺术作品。银杏堂的碑匾作品，真实地记载了寺庙的历史成因，内容广博，书体各异，古朴苍劲，博大精深，充分展示了银杏堂灿烂的佛教文化，极大程度地体现了银杏堂的历史文化内涵。是不可多得的珍贵文物，也是为进一步研究西南的佛教文化，以及明末清初川东历史难得的史料。

本书共收集整理寺院自唐代以来，各类碑匾 44 块（副），其中匾额 13 块，楹联 10 副，碑文 21 块。并按文、款识、材质、尺寸、位置、年代、作者之体式，进行编排，附上相应照片和注释，以方便读者阅读查证。注释主要参考《石柱厅志》、《石柱厅志新志》、《明季南明史》、《四川通志》、《明史》、《破山海明禅师语录》、《中华名人大词典》、《佛学常见词汇》和部分地方志，以及民间传闻等书籍。

因寺庙千年以来历遭兵变、兵祸、人为毁迹、政权更迭等原因，寺内大部分文物已毁，残存下来的几乎没有一块完整的碑楹，给整理工作带来了许多的困难，不少文字和内容只能靠意思去猜测。因此在编排工作中难免会出些差错。

不过，我们立足尽量还愿其真实，所录文字均采集原文，不做修改，不清字样以方格表示。由于水平有限，史料查找难度较大，工作中难免会出现差错，还望有识之士多多赐教。

(一)牌　匾

1. 匾名：银杏堂（楷书）
款识：庚寅年夏
材质：木匾贴金
尺寸：280 cm×90 cm（长宽，下同）
位置：寺院正山门
年代：公元 2010 年 5 月仿制
作者：不详

2. 匾名：银杏堂（行楷）
款识：无
材质：木匾漆书
尺寸：120 cm×60 cm
位置：寺院天王殿正门
年代：2002 年仿制
作者：不详

3. 匾名：灵鹫宝峰（楷书）

款识：无

材质：混凝土板泥塑贴金

尺寸：248 cm×90 cm

位置：天王殿正门

年代：2002 年仿制

作者：不详

4. 匾名：大雄宝殿（行书）

款识：赵朴初

材质：木匾贴金

尺寸：360 cm×120 cm

位置：大雄宝殿正门上方

年代：2010 年仿制

作者：赵朴初（1907—2000），安徽省太湖县人，曾任中国佛教协会会长，中国佛学院院长，中国书法家协会副会长，全国政协副主席。

5. 匾名：银杏客堂（隶书）

款识：庚寅年夏住持亲觉撰

材质：木匾贴金

尺寸：180 cm×60 cm

位置：寺院客堂正门上方

年代：2010 年仿制

作者：释亲觉（1976 年生），四川射洪县人，俗家名罗桂兵，银杏堂 2010 年观音菩萨成道日，寺院重光首任住持，政协石柱土家族自治县委员会九届委员。

6. 匾名：药师殿（行书）
款识：庚寅年夏
材质：木匾贴金
尺寸：150 cm×45 cm
位置：药师殿正门外上方
年代：2010 年仿制
作者：不详

7. 匾名：地藏殿（行书）

款识：庚寅年夏

材质：木匾贴金

尺寸：150 cm×45 cm

位置：药师殿正门外上方

年代：2010 年仿制

作者：不详

8. 匾名：三圣殿（行书）

款识：庚寅年夏能维居士撰

材质：木匾贴金

尺寸：300 cm×100 cm

位置：三圣殿正门外上方

年代：2010 年仿制

作者：（能维居士）不详

9. 匾名：五观堂（行书）

款识：庚寅年夏道信沐手撰

材质：木匾贴金

尺寸：120 cm×36 cm

位置：斋堂正门外上方

年代：2010 年仿制

作者：释道信

10. 匾名：藏经楼（行书）

款识：庚寅年夏

材质：木匾贴金

尺寸：320 cm×110 cm

位置：法堂正门外上方

年代：2010 年仿制

作者：不详

11. 匾名：银杏客堂（草书）

款识：上：元□□八年戊申岁□□，下：本堂监院法相题。

材质：木匾（阴刻）

尺寸：200 cm×85 cm

位置：法堂展厅

年代：古（具体不详）

作者：不详

12. 匾名：法门永镇（楷书）
款识：上：不详，下：本寺住持笑凡书
材质：木匾（阳刻）
尺寸：300 cm×110 cm
位置：法堂陈列室
年代：清末

13. 匾名：宝林寺（行书）
款识：无
材质：木匾（阴刻）
尺寸：200 cm×80 cm
位置：法堂陈列室
年代：古（具体不详）

（二）楹联

1. 第一联

上联：松声竹声钟鼓声声声自在

下联：山色水色烟霞色色色皆空

款名：无款（行书）

材质：木质（阴刻）

尺寸：260 cm×25 cm 条形木板（高宽，下同）

位置：山门第一、四廊柱（从左到右）

年代：不详，2010 年照原联文字复制。旧联毁于“文革”。

2. 第二联

上联：灵鹫忘饥任林间云来云去

下联：盘龙无语看世上花落花开

款识：无（行书）

材质：木贴金（阴刻）

尺寸：260 cm×25 cm 条形木板

位置：寺院正山门第二、三廊柱

年代：2010 年照原字复制

3. 第三联

上联：存一点慈悲心方可登堂观自在

下联：有十分坚固力再为入寺拜如来
款识：无款（篆体）
材质：青砖烧制拼接
尺寸：25 cm×35 cm（计 26 块镶嵌）
位置：天王殿正门外两侧
年代：明清（复制）

4. 第四联

上联：演妙法门开般若

下联：空诸相海印真如

款识：无款（行书）

材质：红沙石（阴刻）

尺寸：250 cm×50 cm

位置：天王殿正门门柱内侧两边

年代：明代（清复制）

5. 第五联

上联：存一点慈悲心方可登堂观自在

下联：有十分坚固力再为入寺拜如来

款识：无款（行楷）

材质：红沙石（阴刻）

尺寸：400 cm×32 cm 方形石柱

位置：天王殿内两侧石立柱

年代：明

6. 第六联

上联：开口便笑笑古笑今我笑你笑凡事谦恭须一笑

下联：大肚能容容天容地你容他容对人忍让应多容

款识：无款（行书）

材质：木质（阴刻）

尺寸：350 cm×28 cm

位置：天王殿弥勒佛两侧石柱

年代：2010 年复制

7. 第七联

上联：身现将军银杏安禅凭一杵

下联：相严菩萨金磐呈供感三洲

款识：无款（楷书）

材质：红沙石（阴刻）

尺寸：200 cm×25 cm 方形石柱

位置：韦陀菩萨像遮雨棚石撑柱内两侧

年代：清

8. 第八联

上联：余时老耆丛（从）肉髻中涌百宝光试问殿内僧侣可曾见否

下联：昔日普贤拎（於）毛孔际现微尘刹但观门外辎流未必会欤

款识：无款（行书）

材质：红沙石（阴刻）

尺寸：500 cm×40 cm 方形石柱

位置：大雄宝殿前门过道石柱正面第一、四柱（从左到右）

年代：明

9. 第九联

上联：善男子尚知般若真性未曾有始有终

下联：大丈夫须发菩提道心毕竟无去无来

款识：无款（行书）

材质：红沙石（阴刻）

尺寸：500 cm×40 cm 方形石柱

位置：大雄宝殿正门外走道第二、三石柱正面

年代：明

10. 第十联

上联：花从一笑拈去□□银杏元长老向金盆托出

下联：法自三更传来□分石渠众生徒绕玉带回流

款识：上：洞天大和尚法师□□□

下：民国十一年仲□吉□□□□持窗孙香林托石重刊嗣法门人等和尚敬颂

材质：红沙石（行书）

尺寸：600 cm×35 cm 方形石柱

位置：法堂内正中两旁石撑柱

年代：1922 年重复制（原为清代木质刻楹联）

（三）碑文

1. 碑文一

上：重庆市文物保护单位

正：银杏堂

下：重庆市人民政府 2009 年 12 月 15 日公布

石柱土家族自治县人民政府 2010 年 7 月 29 日立

材质：石质（阴刻）

尺寸：110 cm×70 cm×6 cm（长×宽×厚，下同）

位置：钟楼底院外

作者：不详

年代：2010 年

2. 碑文二

上：县级文物保护单位

中：银杏堂

下：石柱土家族人民政

底：1984 年 12 月 27 日公布，1984 年 12 月 30 日立

材质：石质（阴刻）

尺寸：120 cm×100 cm×12 cm

位置：鼓楼底楼外院

作者：不详

年代：1984 年

3. 碑文三

上：重修大殿方丈碑记

正文：盛朝之兴也，儒释道三教并重。儒以尼山为法道，以金阙为宗，至于释则灵鹫文佛其祖也。儒之美，宫墙万仞；道之丽璀，楼十二丰。释家慈悲为室，通慧为门，而可不大搆精舍于祇园乎？府治旧多梵宇，年烟世远，或遂有摧残剥蚀而不能绵裔者矣。独自于斯，犹见宝殿月明，丈室春深，并非甚幸哉。所虑者，日前之大厦难尚足友，日后之馀灯将难复取也。府尊刘公廷恕，来莅斯土，不数年，政通人和，百废俱兴。故于兴文创学之馀，遍及蓬莱道观、上方古刹，倾者扶之，旧者新之。一时丹铅金碧照耀，四境之内而何至遗此丛林之钜乎？

净缘和尚者，俗姓汪氏，旧家子也。始从儒经籍，稍贯继学道，丹贡将成，最后乃削发为僧。一入寂城之门，即得心性之理。光绪十四年进方丈，十五年上谒刘公，毅然以重辉宝刹为己任。公嘉其志，予给花印，外复赐示谕，由是众皆乐善，共为伊浦之助，而册簿募捐，遂盈数百金之多焉。是年冬，鸠工尼材，越明年，方丈告竣毕，非有志者事竟成哉！且夫一人有感，众人斯应，一善既成，众善毕举。

当方丈落成之日，远近来观者，无不啧啧称奇。於是檀越相兴赞于外，比丘相与赞于内。而大殿之功复兴马，上竦飞檐画栋，下铺密砌揩横，十一楹縰，十七柱，阔四丈六尺，高三丈九尺，共计役使一万余工，花费三千余金。其规模宏敞、气象翺皇，较之方丈为倍加。始虑力不能胜，功不能就；今则栋折榱崩，易而为丹楹刻桷、颓垣碎瓦，易而为鸟革翼飞，矜以上溯前明，□迄熙代三百余年之古佛旧寺，一旦复起，而为光明世界。诚世所谓前者创之，后者因之之胜乎？然一人之昌，始难云非常，而众人之赞助，亦不可没本堂僧众协力。若天明，若荣青，皆前老方丈也。若戒明，皆今之执事有恪也。大地善士建功，若汪公奎楼，若秦公耀廷，亦皆四邻之正直无私能捍卫佛法者也。自分界绳基、办方画址以以至停运斧斤终施黝垩，无不兴晦息寝食俱忘，或则监工督役，或者催捐募施，或者斗支称给，或者钱贯囊装，邻近数郡皆有资助，而万邑尤多好施之士。此钜业之由所成，而儒之学宫，道之阆苑，俱莫如此梵王宫殿矣！

下：光绪十九年平来丐序于余余本一介书生瀛洲之……（阴刻）

材质：红沙石（小楷）

尺寸：600 cm×45 cm×45 cm

位置：大雄宝殿正门外廊道第二撑柱内侧

年代：清光绪十九年

作者：平来

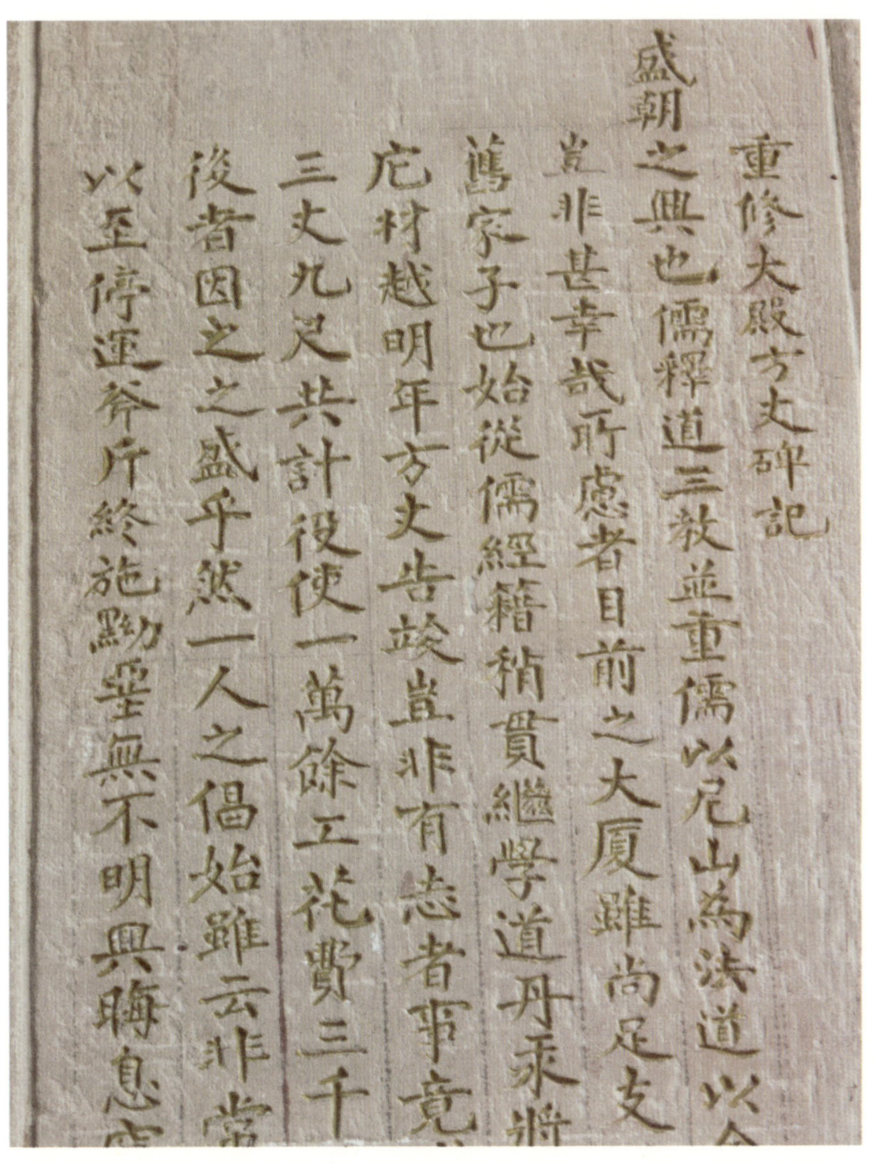

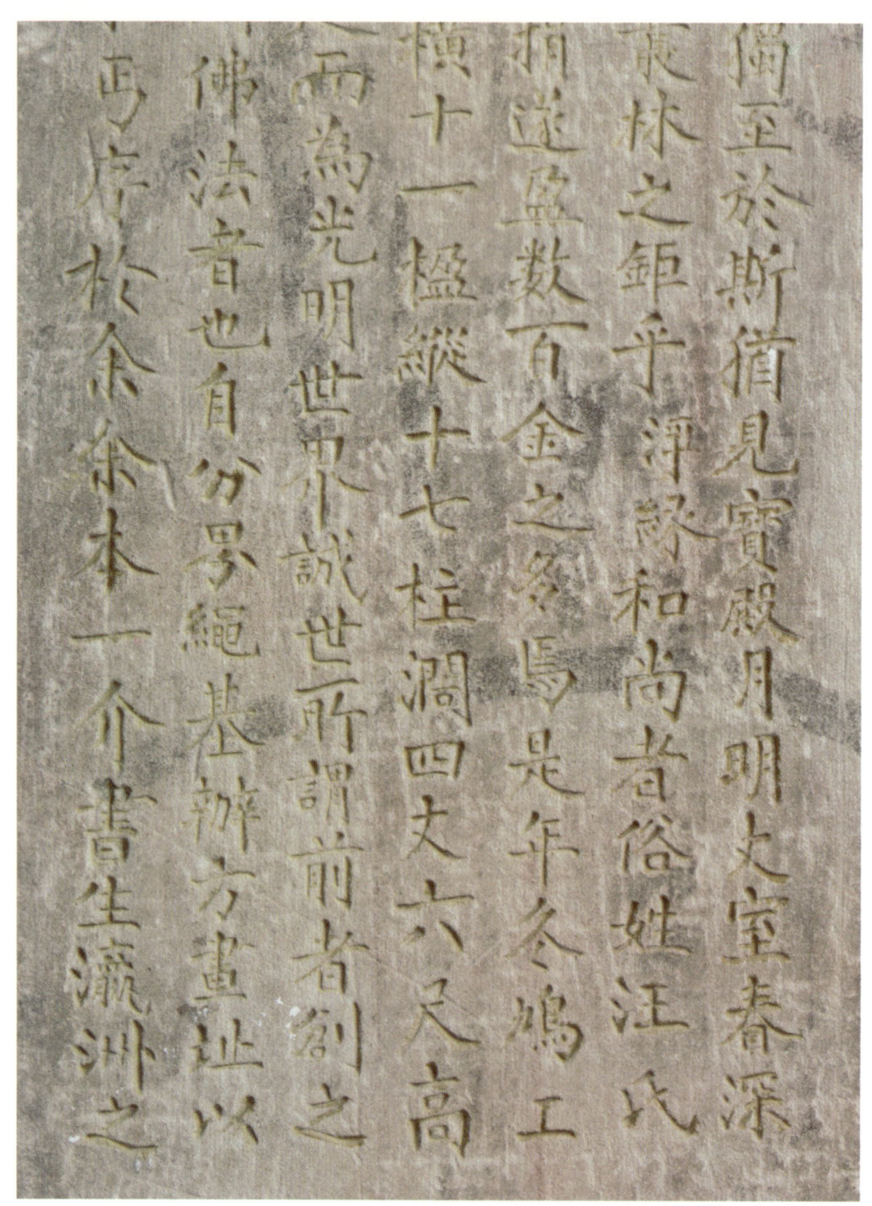

4. 碑文四

上款：登院未上，同子学士浮屠之颂，何敢自媿柃才人，聊为实录之辞，用作贞珉之寿。其铭曰：

[正文]壮哉斯堂，雄峙一方。龙盘山碧，鹤舞树苍。祇陀地阁，须达金相。前明肇起，熙代流芳。其奈尘劫，难永佛场。摧残岁月，剥蚀风

霜。榱崩栋折，石破天荒。不有補葺，云何重光。爰集众议，共为碓商。古象令且，走簿仙莊。镇皆留（世），助画倾囊。井中伐木，厨内積香。班斤风运，傅插云扬。千楹直矗，万拱飞张。春迴丈室，月拥禅房。蜃楼虹殿，凤翥鹭翔。车撑俗士，座端法王。乾坤壶贮，世界粟藏。□□□□，子夜心凉。蒲团冷座，莲钵空忘。无生无滅，不贼不戕。经翻贝叶，偈说银床。慈云缭绕，法雨湛汪。阇浮净土，万古斯长。

下款：石邑廪生武都冉瑞镐撰，本堂知客寂昌书，维那能澄代化主监修，福贞别寺照福，□□□□□岁在癸巳小阳月中浣穀立，本堂当今方丈上净下缘大和尚暨监院戒明并阖院众师募捐重修，功德芳名列栓后……（小楷）

注：以下为捐钱姓，名不收录，见谅。

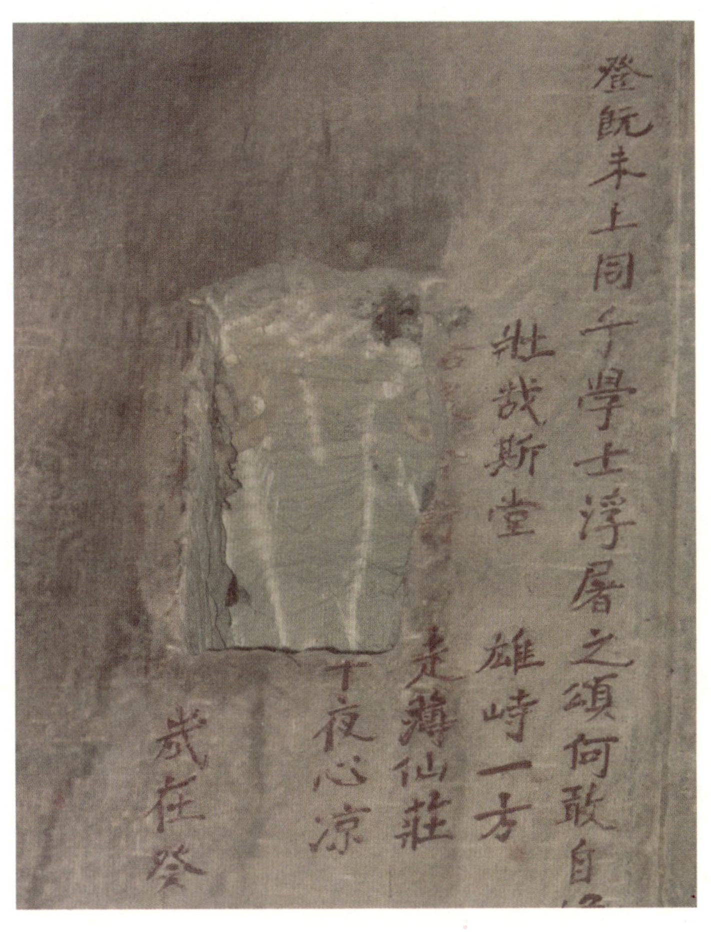

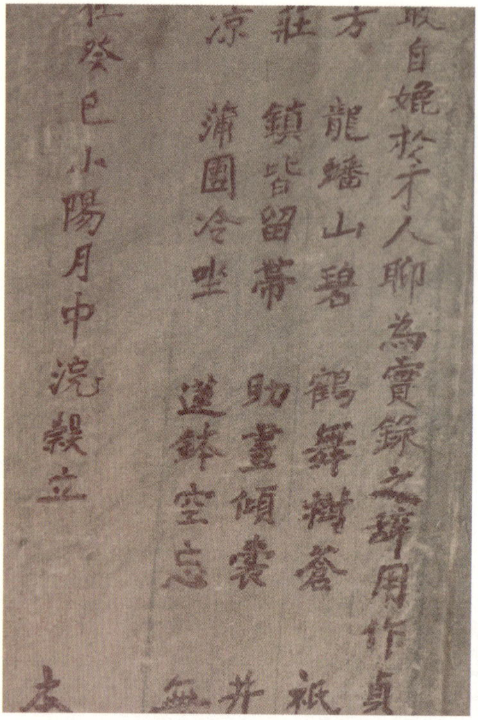

敢自媿於才人聊為實錄之辭用詐貞
方　龍蟠山碧　鶴舞樹蒼　祇
莊　鎮皆留帶　助畫傾囊　井
涼　瀟園冷坐　蓮缽空忘　無
在癸巳小陽月中浣穀立　本

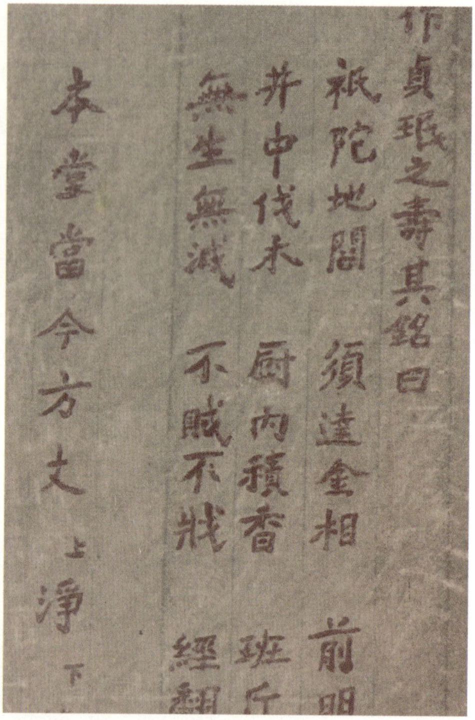

詐貞珉之壽其銘曰
祇陀地闍　須達金相　前明
井中伐木　廚內積香　班斤
無生無滅　不賊不戕　經翻
本堂當今方丈　上淨下

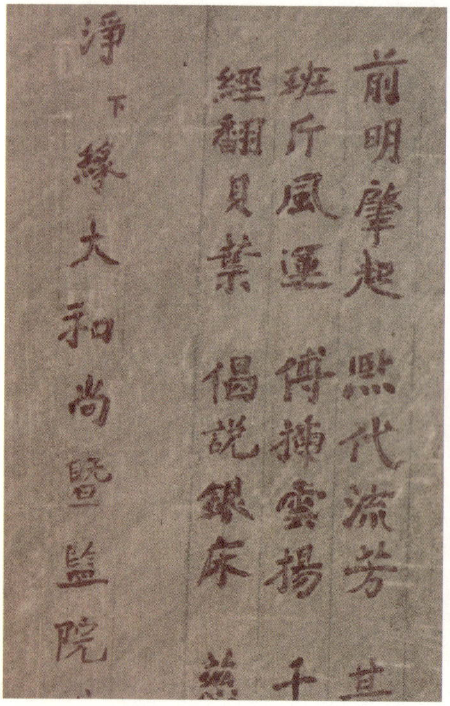

淨下緣大和尚暨監院
經翻貝葉　偈說銀床　慈
班斤風運　傅摶雲揚　千
前明肇起　熙代流芳　其

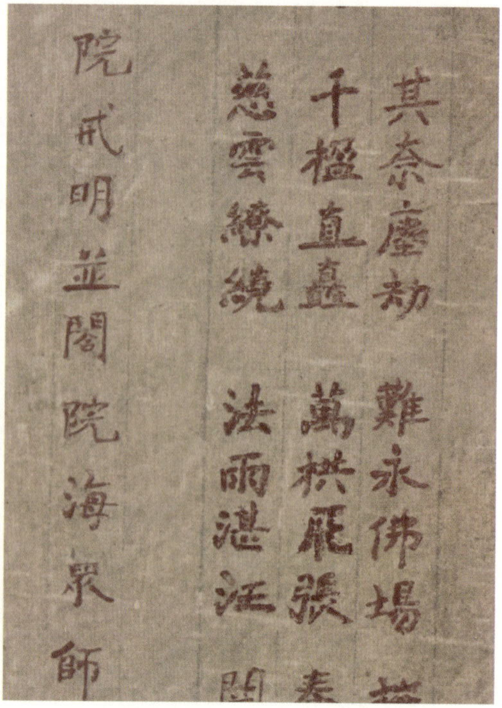

院戒明並闍院海衆師
慈雲繚繞　法雨湛汪
千楹直矗　萬栱飛張
其奈塵劫　難永佛場

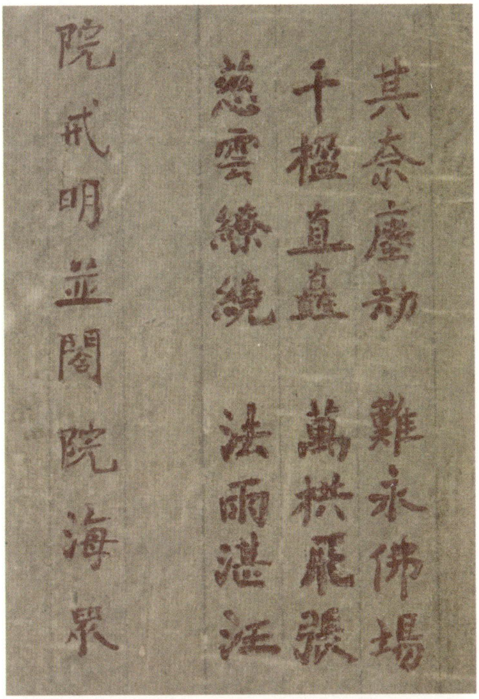

其奈塵劫　難永佛場
千楹直矗　萬栱飛張
慈雲繚繞　法雨湛江
院戒明並閣院海衆

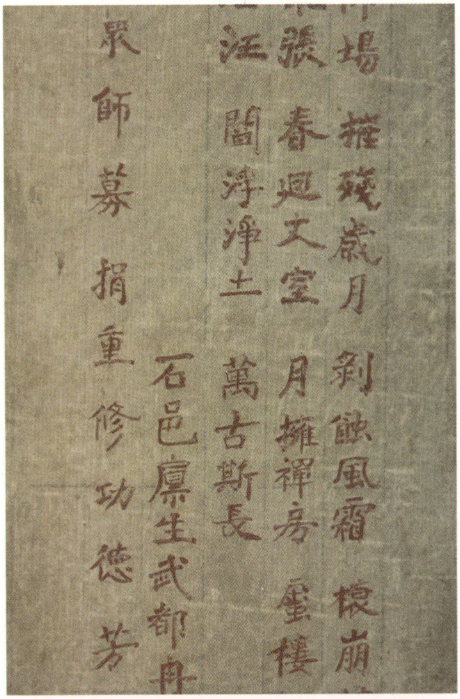

場　摧殘歲月　剝蝕風霜　棟崩
張　春迴文室　月擁禪房　蜃樓
江　閭浮淨土　萬古斯長
石邑廩生武都冉
衆師募捐重修功德芳

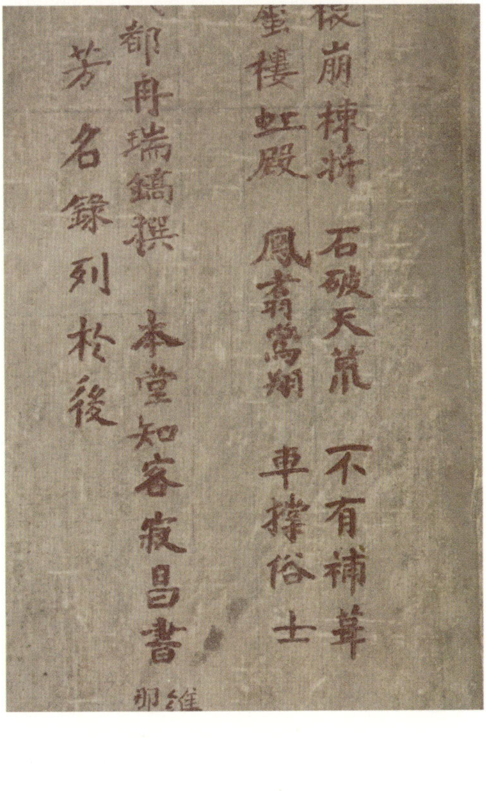

棟崩棟折　石破天荒　不有補葺
蜃樓虹殿　鳳翥鸞翔　車撐俗士
都冉瑞鎬撰　本堂知客寂昌書
芳名錄列於後
維那

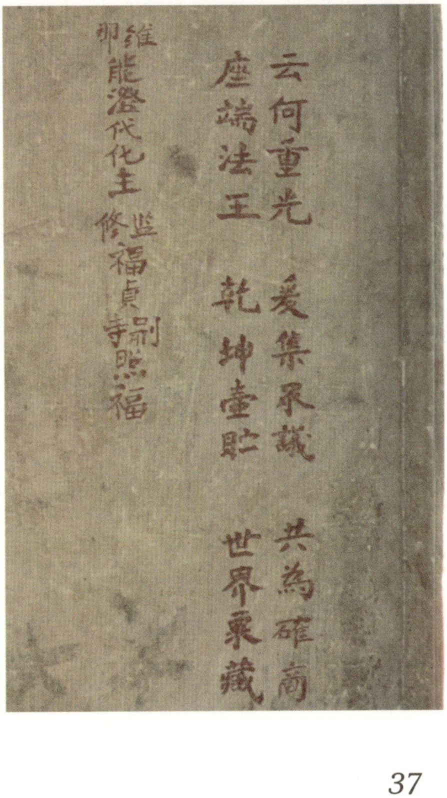

云何重光　爰集衆誠　共為確商
座端法王　乾坤壼貯　世界秉藏
維那能澄　代化主　監修福貞　副寺照福

材质：红沙石（阴刻）

尺寸：600 cm×45 cm×45 cm

位置：大雄宝殿外廊道第二石撑柱内侧

年代：清光绪

作者：冉瑞镐作文，寂昌书

5. 碑文五

诰授奉政大夫乙酉科选牧前任甘肃循化抚番府，利邑（今指利川）夏公曰瑚捐银二十两

万邑周大老爷印仁动同录，廖氏捐赤金穿大殿，方丈，满堂圣像捐□三百二十拾串。

谭定炳，秦吉兴共捐钱六十串开恩期……

以下为各地功德主名，不作录。（小楷）

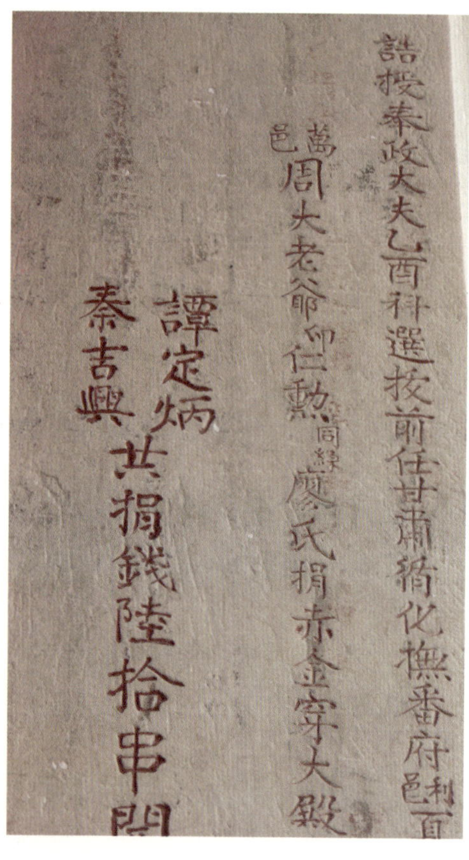

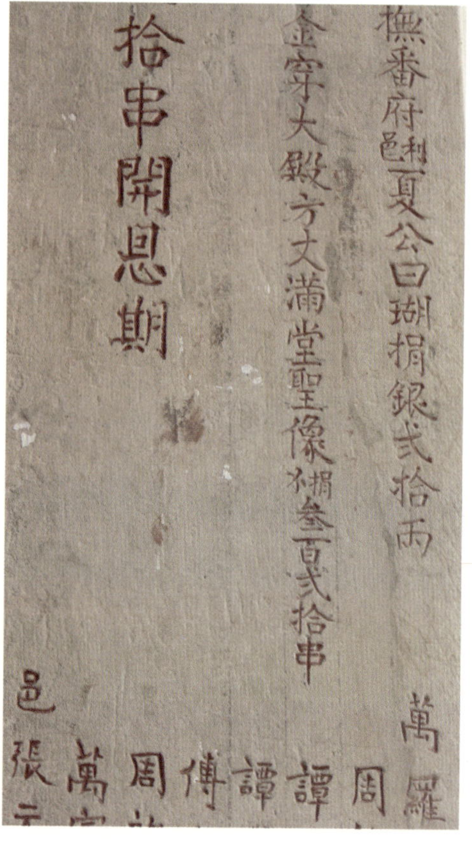

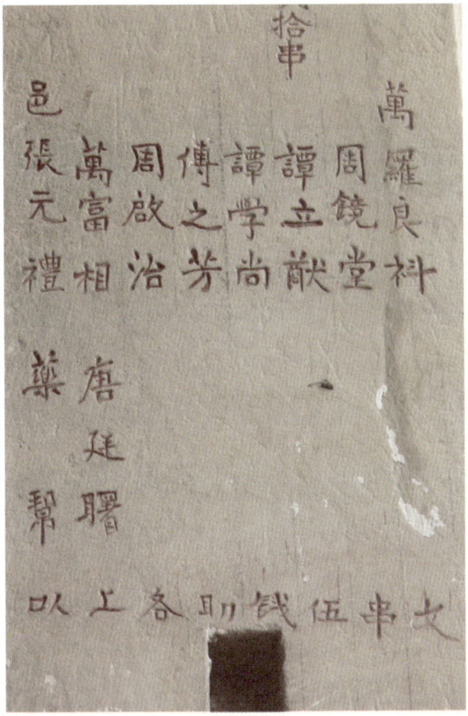

拾串
萬羅良料
周鏡堂
譚立猷
譚學尚
傳之芳
周啟治
萬富相
邑張元禮
唐廷曙
藥幫
以上各助钱伍串文

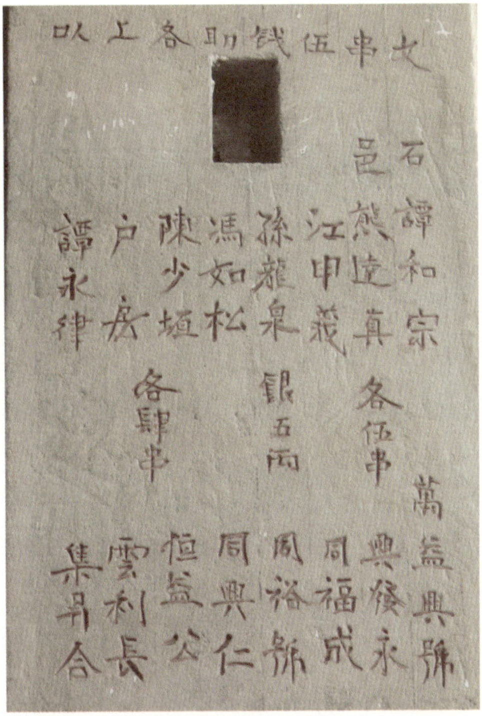

以上各助钱伍串文
石譚和宗
邑熊遠真　各伍串
江中萩
孫維泉　銀五兩
馮如松
陳少垣　各肆串
户岳
譚永律
萬益興號
興發永
同福成
鳳裕號
同興仁
恒益公
雲利長
集昇合

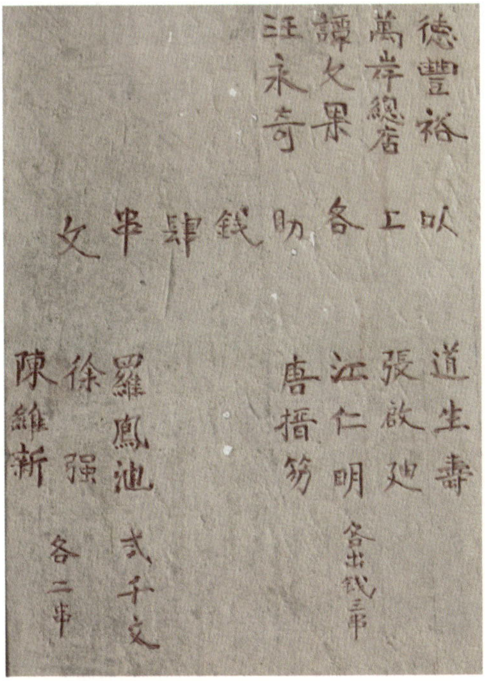

德豐裕
萬岸總店
譚文果
汪永奇
以上各助钱肆串文
道生壽
張啟炟
江仁明
唐播笏　各出钱三串
羅鳳池　弍千文
徐強
陳維新　各二串

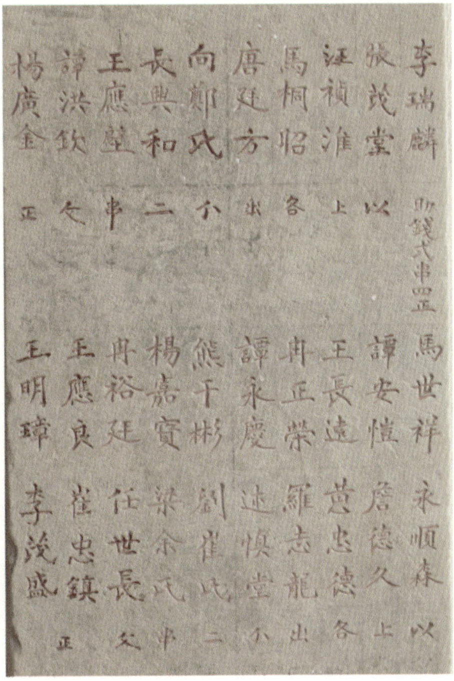

李瑞麟
旅茂堂
汪禎淮
馬桐昭
唐廷方
向鄭氏
長興和
王應璧
譚洪欽
楊廣金
以上各出个二串文正
助钱弍串四正
馬世祥
譚安愷
王長遠
冉正榮
譚永慶
熊千彬
楊嘉賓
冉裕廷
王應良
王明璋
永順森
詹德久
黄忠德
羅志龍
述慎堂
劉崔氏
梁余氏
任世長
崔忠鎮
李茂盛
以上各出个二串文正

材质：红沙石（阴刻）

尺寸：600 cm×45 cm×45 cm

位置：大雄宝殿正门廊道左起算一石撑柱

年代：清

作者：不详

6. 碑文六

因此碑文系功德碑文，编者只对参捐寺庙作记录，其余不录大兴寺、双松堂、广积寺、悟惑堂、西禅寺、圆通寺、南城寺、岩峰寺、安乐寺、凤凰寺、朝阳寺等。本堂荣青老和尚、济林、宏超、开智大和尚（小楷）

材质：红沙石（阴刻）

尺寸：600 cm×45 cm×45 cm

位置：大雄宝殿正门廊道左起第三石柱

年代：清

作者：不详

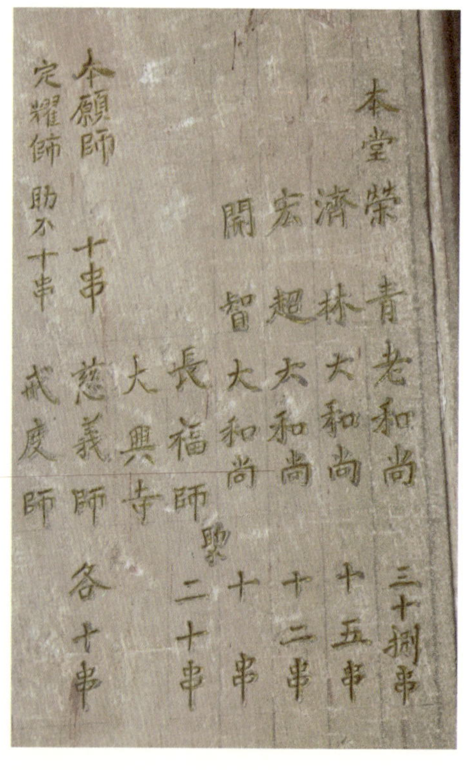

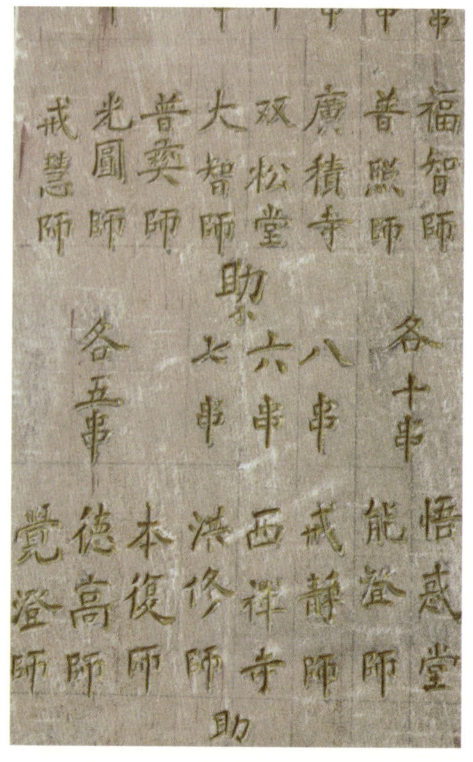

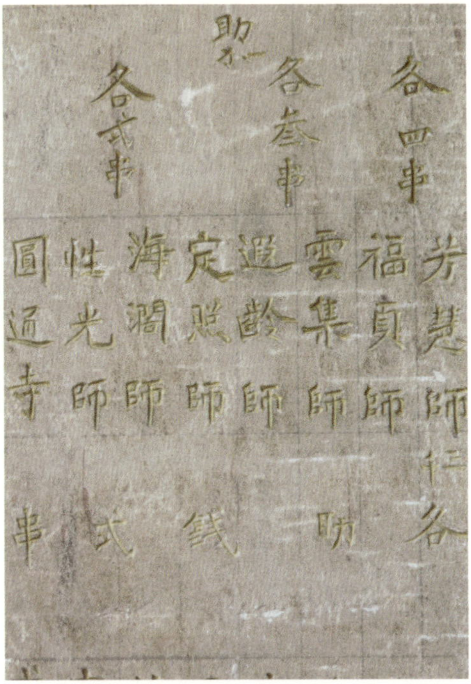

各四串　各叁串　助不一　各弍串

芳慧師　福貞師　雲集師　道齡師　定照師　海潤師　性光師　圓通寺

各助錢弍串

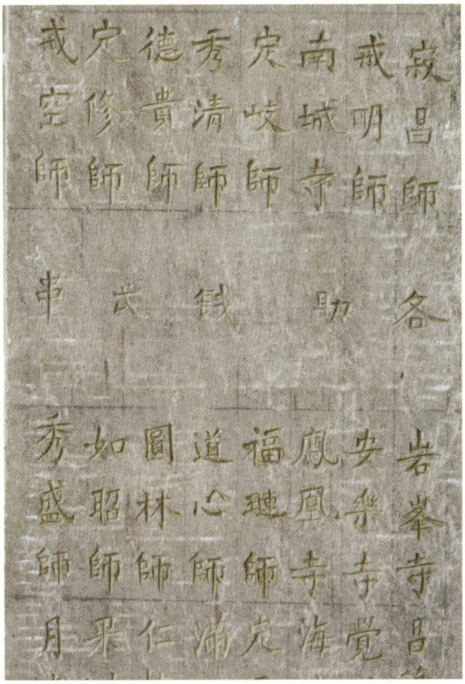

寂昌師　戒明師　南城寺　定岐師　秀清師　德貴師　定修師　戒空師

各助錢弍串

岩峯寺　安樂寺　鳳凰寺　福璡師　道心師　圓林師　如昭師　秀盛師

岩峯寺昌蒲和尚　寺覺華師　寺海清師　師定元師　師游谿師　師仁超師　師采洲師　師月清師

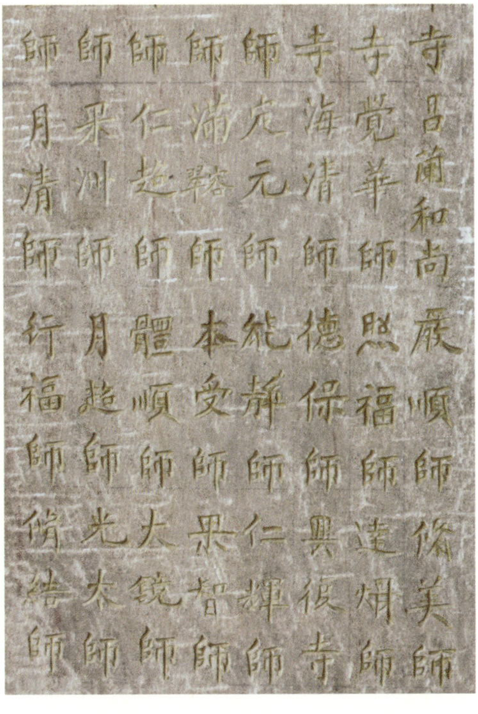

展順師　照福師　德傑師　能靜師　本受師　體順師　月超師　行福師

脩美師　達炯師　興很寺　仁輝師　果智師　太鏡師　光太師　俏浩師

展順師　照福師　德傑師　能靜師　本受師　體順師　月超師　行福師

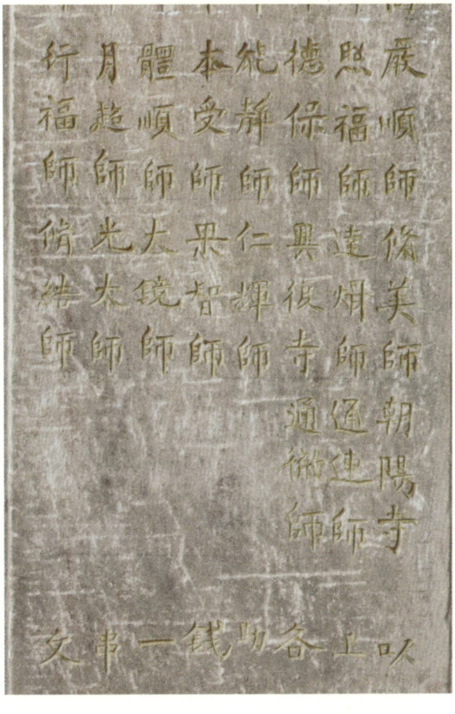

脩美師　達炯師　興很寺　仁輝師　果智師　太鏡師　光太師　俏浩師

朝陽寺　逢連師　通徹師

以上各助錢一串文

7. 碑文七

上款：师贞节苦志行洁珪璧誓愿纂修，贤智绝类前于道光丙午岁建造千佛塔院一座，并塑三大士宝像于上焉，功果浩大，微法师之力弗及此，抑且陆续装饰满堂

正文：□□佛像、金姿宝面，堂堂皇皇，照耀人间耳目。前功初竣，后愿接踵。戊申岁建。塑帝君圣容，燦然大观在上，庚戌年督造。毘卢宝殿，雕梁彩栋，上出重霄；飞阁流丹，遥彻四空。外并塑观音、势至、文殊、普贤四尊金身。竭力劳心，殆不分星夜矣！今年，咸丰辛亥岁，复塑千手观音、药师、地藏诸佛菩萨，神像无一不备，无一不周。甚且镌刻课诵戒律、千佛名忏、十王宝忏、药师真经、金刚注解诸书，成板印送十方。广宣教化法师之（大有）造于禅林也，岂浅鲜哉？约计前后十年之间，种种修培功德，总共费去青蚨二千竿有零。而法师以一身督理于其间，盖不知几耗心血，几耗精力矣！此银杏堂之所以气象光昌，香火兴隆，较之圍糿之初，为尤盛也。夫太上立德，其次立功，此之为不朽功德。如今法师而鹤，令其湮没不传乎？愚不佞忝叨俗契穷，谓创业难得，透老则不难得，守成不易得。法师则易，敢募卫鼎之遗文，缕晰宝录，用倣晋钟之盛举，撮勒苦勋俾千百年。金石永刊，风霜不没，以为善守成者法，以为不善守成者戒，庶不昧法师之一片婆心云尔是叙。

下：石邑厅生虔齐氏谭永恭撰

杏林未改旧家风，有大经轮回不同。为法为人绳祖武，克勤克俭补天功。毘卢阁声青霄近，罗汉田增白社隆。金碧胜辉窥妙相，浑如竺国梵王宫。

量周沙界等医王，百亿须弥一粟藏。拨楔抽钉皆惠泽，行仁布德总慈航。众生觉性无双品，诸佛圆灵座十方。且待洞天通彻后，山河大地仰馀光。

夔门山纳瘦木氏三德觉拜提（方印章篆体瘦木）计两枚（余全文楷书）

材质：木雕（阴刻）

尺寸：200 cm×120 cm×3 cm

位置：法堂展厅

年代：清道光年

作者：谭永恭　　瘦木

梵院一座並塑三大士寶像於上焉功果浩大微法師
皇然耀人間耳目前功初竣後願接踵
在上庚戌年督造　毘盧寶殿雕梁彩棟
觀音勢至大殊普賢四尊金身竭力勞心殆不分晝夜矣今年
千手觀音　藥師　地藏　諸佛　菩薩　神像無一不備無一不
甚且鐫刻課誦戒律千佛名懺十王寶懺藥師真經金剛
修殿功德總共費去青蚨二千竿有零而法師以一身督理於其
十方廣宣教化法師之有大造於禪林也豈淺鮮哉約計前後
耗心血殫耗精力矣此銀杏堂之所以氣象光昌香火興隆較之
尤盛也夫太上立德其次立功此之謂不朽功德如今法師而
傳乎愚不佞忝叨俗契竊謂創業難得透老則不難守成不易得法師
慕衛鼎之遺文嫂晰實錄用做晉
而不沒以為善守成者法以為不善守成者
是敘　石邑庠生虔齋氏譚木恭撰
杏林未改舊家風有大經綸迥不同為法為人繩祖武克勤
盧閣聳青霄近羅漢田增白社隆金碧騰輝窺妙相渾如
量周沙界等醫王百億須彌一粟藏
生覺性無雙　諸佛圓靈應十方且詩洞天通
夔門山　木氏三德覺拜題

8. 碑文八

上款：室者，自少昊迄怀崇，四千五百八十六年中，畿不可多得，甚哉！守成之匪易，易事也惟我。国朝自世祖开基，圣祖嗣统逮三传而至。

正文：宣宗成皇帝，圣圣相承，世守勿替，国家承平，已数百年矣。方今，皇上御宇，神武英明，仁慈恢廓，远鉴帝王兴废成败之局，近守祖宗缔造艰难之德。中外肃穆，皇图巩固。駸駸乎，有万世无疆之休马。难曰，“天运使然，岂非人事哉”。即如石邑银杏寺者，明末初建古南宾之遗刹也。其寺规模隘小，神像寥落。虽陈秦施舍，僧产颇阔；率多荒芜，未经垦辟。厥后，象教凌夷，僧众废贩，几乎颓垣碎瓦矣！此无他，守成之未得其人也！乾隆三年间，陈秦二姓并阖郡绅士耆再三礼请梁邑双桂堂上透下月老和尚，主院拥锡，来慈慨然以□□□……（楷书）

材质：木质（阴刻）

尺寸：200 cm×60 cm×3 cm

位置：法堂文物展厅

年代：清乾隆

作者：不详

9. 碑文九

因此木刻内刻多为功德记载，只作简记甘霖洞监院、白花山监院、童渊寺、乌鸦寺、夔州云阳双松堂、湖南宝松堂……

下款：传临济正宗开山老祖上透下月，旻祖传拯糜，深祖深传笑凡，懿祖懿传东林住祖住传静慧明明传洞天大和尚。重录监院心元、副寺空元、维那觉权、知客性义、客妙、书记觉义录，□□□□……（楷书）

材质：木刻（阴刻）

尺寸：190 cm×60 cm×3 cm 计两块

年代：清乾隆

10. 碑文十

……□天下历代以来，五帝三王。孔为文圣，周……元典、舜典、以为万世师表。汉朝忠良莫若于……□云，至大、至刚，至今血食千年，历代累次加封……前人所兴，后为效由。无奈常住空乏，幕化文武……喜舍布施，乐善不倦。今有本堂方丈能澄大和……序大众，子午洪钟告竣，用费四百余金。再有武……人名错落，共载此碑。功完告竣，福增无量。刊碑……性大和尚在位。光绪二十年开恩期，信善主……殿功果人名录刊于后：善烛周有堂捐满堂赤金……秀五百文、周心忠五百文、能澄和尚一千文……以下为功德，文不作录。（全文楷书）

材质：石材（阴刻）

尺寸：105 cm×86 cm×12 cm（残）

位置：斋堂过道

年代：清光绪二十年

注：因碑上部被毁，录取文中“□”表示该字已难辨……表示该段文字已毁，同为换行符号。

11. 碑文十一

碑名：大乘妙法莲华经

上款：重修福德碑记

正文：赏观坤鸡之内，凡得钟灵奇秀之福地，必有贤士大夫以崇功者，皆应吾佛世尊於灵山之记嘱也。间或盛业兴废之不常，亦时遇理数之有待。兹龙盘山银杏堂寺者，乃古迹之招提。其龙脉发生，迢迎难审。近数里许，耸然而起；巍峨层迭，偃然而伏。曲折蜿蜒而穴焉。於中古寺森然，残階堿然，梅竹环然，松柏行然。仰之屏山叠翠；俯之带水湍环。佳葩异木，四季芳菲。紫雾彤云，常时乘霭。林簌泉琴，频闻书夜。猿歌鸟咏，每听阴晴。壮瞿塘之胜地，冠石柱之精蘭。第肇刱世远无稽，於中兴废亦莫知几何也。究考古殿梁记，乃复辟于明之正德庚辰。有果聪和尚，为重开住持建大殿，嘉靖戊午有大舟和尚修前殿。方其隆盛，却遭兵燹，致殿宇废。门壁圣像，以损钿庄。万历间，住持广渊和尚，有虞公陈大夫，慨捐帑赀，装修殿宇寮舍，砌筑山门、垣堵。幸有仙公陈檩越，不惜千金之布，于正殿，塑装三身大佛、二柱金龙及合堂。圣貌诸般雅丽，靡不观瞻，其兴盛固有年矣。奈年代深远，人物箫条；梵宫腐圮，金相泥颓；虫鼠而盈室，苔藓以缦门，其哀替亦有年矣。山朽于乾隆庚申春，应诸檀命，免为焚献。是夏，幸诸檀同心叶志，重修后栋藏楼及厨房浴室。后以大造，闻于司主马公蒙概然给印捐赀，诸遐迩士庶助赀；布粟者争先，佐工助力者，恐后。于丙寅秋，重建大殿、前殿。戊辰春，修东廊、禅堂、山门，雕装圣僧、诸天、伽蓝、祖师、接引导师韦驮，已已坏消。前殿弥勒，雕刻藏楼、观音、禅堂、药师列祖牌位，及合院诸圣容，期六年而造□□（因碑坏此段文字遗失，下接）……奕叶悠昌　祝皇图之巩固兮，万寿无疆；标诸姓字于石兮，千古流芳；适朽人之鄙膺兮，乐馀生以彷徉。

石柱宣慰使司先任宣慰使马宗大　男：光裕

石柱宣慰使司现任宣慰使马孔昭

下款：蜀北宝藏堂净月和尚、诸山助资比丘绍清、绍原、云松、云程、净明、普明、真悟、真霞、真念、通会、若松、秀恬、本亮、克振、照慧、心照、性恺、性忱、智慧、如忝、祖福、普月、通秀、印堂、继远、永馥

传临济正宗第三十六世中兴弘法沙门真明，谨撰并书，前监院真鎧化主真源、心徹

皇清乾隆十六年岁次辛未孟夏月上浣之穀旦，监院祖深与两序大众等同立，石匠：杨天文（楷书）

材质：石材（阴刻）

尺寸：225 cm×55 cm×18 cm 计两块

位置：斋堂过道

年代：清乾隆十六年

作者：真源等

前先任宣慰使馬宗大
前現任宣慰使馬孔昭

前盈院

12. 碑文十二

碑名：封碑通告

上款：特授石柱直隶理民府补用府正堂加五级 覃恩加三级记录十次记大功二十次刘为……遵批示谕立案刊碑，以垂久远。事案照本府具详。武生汪文光等，恳请饬禁银杏堂冒充山主……施主骚扰，以培古刹缘由一案当经详奉

正文：总督部堂刘 批，据该厅呈议，武生汪文光等恳详饬银杏寺，冒充山主，施主，骚扰以培古刹一案，奉批如详立案，仰布政司核明，饬遵徼奉。

署布政司德 批如详立案：该厅银杏寺元既系十方古刹候遴选庙僧妥为经管，不准地邻及□□劣生监插入侵占，仰即遵照出示严禁奉（楷书）。

材质：石材（阴刻）

尺寸：190 cm×46 cm×23 cm 残

位置：斋堂过道

年代：清光绪

作者：不详

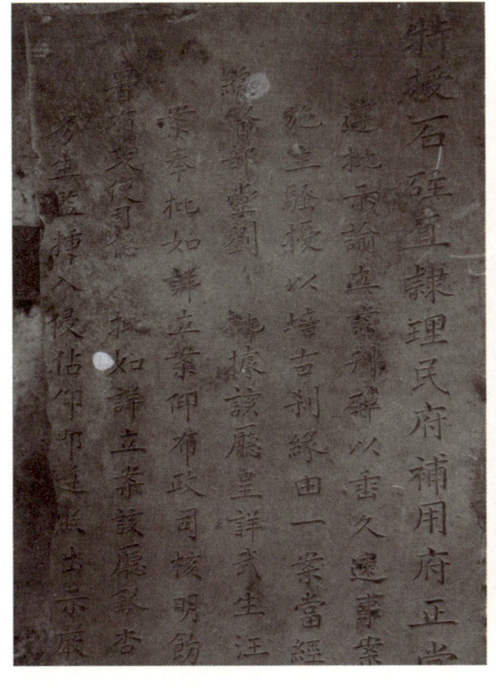

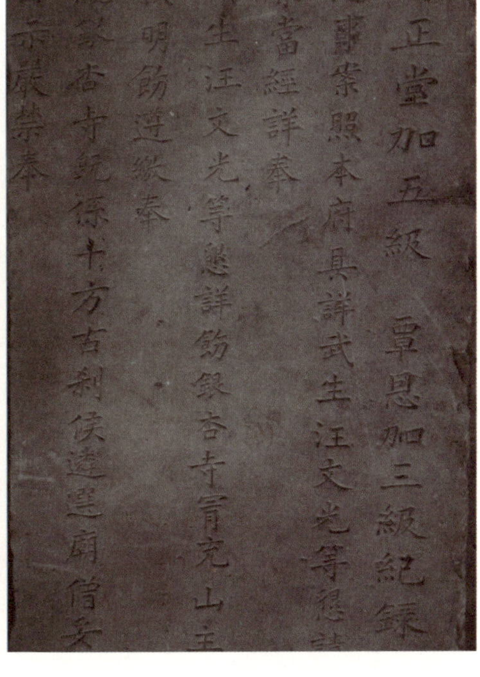

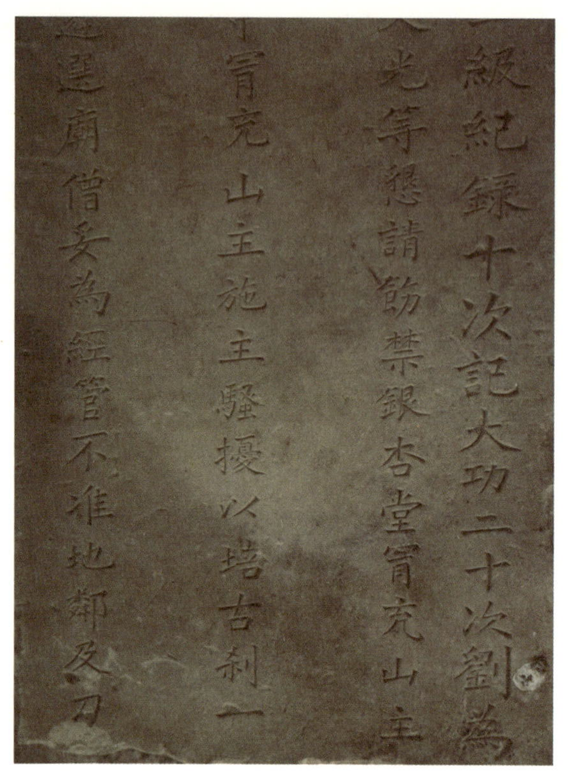

13. 碑文十三

碑名：封碑通告

上款：署布政司黄批如详立案奉：下为篆体方形官印，因碑损难识

正文：署川东兵备道张 批如详立案，各等因奉此，除由本府衙门立案并抄录详稿，礼饬首事住持遵守外，合行遵批刊碑示谕，为此示仰，该处团约绅粮士庶军民人等一体知悉，永远遵照毋违，特示莲（此字为草书）

右谕通知，光绪十七年五月初二（此二字为草书）

下款：宝贴银杏堂晓谕勿损（楷书）

材质：石质（阴刻）

尺寸：170 cm×52 cm×20 cm（残）

位置：斋堂过道

年代：清光绪十七年

作者：不详

14. 碑文十四

碑名：嘉庆年重修碑记

上款：重修碑记

正文：且银杏堂，伊依古之丛林也。历明清以来，迄于今世□年湮。而殿宇、楼阁及佛祖、金相觉有故色。惟大魁者，自临银杏报拯，糜摩顶除发。而后，具修真养性形骸，披佛法僧体沙容。种植栽培，厥功有补于银杏者不可一、二数也。杉柏其一事，于嘉庆二年春，举以方丈位兴佛法，接十方慈悲，在□年增古稀，志切推交。八年间，于双桂谨迎绪辉飞锡，接居和尚位。而绪辉者，志切于修培，更得秘陆其人信心，十方募化金资，继而睹其忠，即立以监院。于是，同心协力重裴佛像，而诸佛菩萨，懔然森严。及十二年，绪辉推交秘陆，即和尚位。是秘陆大阐禅风，兴扬佛法，坐香打七，宏开象教。且以总设众职，恒以十人而兼数事，应酎时艰，更以数事而劳于心。惟兴土木，大启尔宇，重修方丈静室，改设山门围墙、砌坝，粉壁画鳌，而殿宇楼阁，佛祖金相焕然维新。以是知厥工告竣。□有馀资得栽培之功，而山林容翠，假修培之力。而庙宇辉腾，□然完备，无可为志，诸君共议□□□刊碑，以述其事云。

陈、秦二姓仝赠，上大下魁和尚，上绪下辉和尚，上秘下陆和尚（以下为功德人名，不作录）

下款：皇清嘉庆十七年岁次壬申桂月廿五日立。

云峰、秦浑尚撰书

匠士：吴启文、郭里陆（楷书）

材质：石材（阴刻）

尺寸：180 cm×45 cm×11 cm 一块、190 cm×40 cm×13 cm 一块

位置：斋堂过道

年代：清嘉庆十七年

作者：云峰等

15. 碑文十五

碑名：护世四王

上款：重塑四大天王碑记

正文：四大天王不知何许人也，姓氏或载佛经，姑弗深考。几（凡）僧家必像以礼之，且必像于前殿大门内以祀知。其貌狰狞，修躯武装，高兴□□然。尊其号曰天王，文曰护法。曰天王者，……其封爵文曰：护法大抵掮其功用而名之也。意者，佛教仞興之四王者，慷慨好施，不吝锱铢。济僧供佛，其即鱼山鹿苑鸡园鹫灵之故。主歇，令僧家称谓，诸檀越即（耳方）于此歇，不□……佛祖無为，赖此四王代为宣扬，如天不言而四时行，如王者设官家宰、司徒，而下有春夏秋冬四官之分，猷效职耶。文不然或佛家所云四大州，寥阁不可纪，拯其山林川泽间，□……魑魅魍魉妖氛为害，乃分布四王为之驱除不祥。俚恒河大千不逢不若，如禹鼎之列神姦耶。祀典曰：能与民、御炎、捍患，则祀之；有功于人民社稷则祀之。四王不不惟有功于民，□……功于佛，名曰护法，固宜祀天王，亦无不宜。或曰：佛以慈悲居心，故月容莲目善气迎人，何四天王之气象迥不侔也？予曰：此亦不是深辩，大约佛家妙用□，如天道天有，和风□……怒雷霜雪，故佛之于人也，初示之以明威，怀其去恶之心继示之，以乐易坚其为善之志。且佛一而护法，四佛奇而护法。偶易曰一而神雨而化谓护法，为天王也。可谓天王既□……可敬佛者谓无在而非佛也，亦无不可，故记之。若夫，斯寺之创建，前碑记之详矣。数百年岿然鲁（雨四王）甲于诸刹。

乾隆癸卯岁，大殿火延及前殿，四天王像皆灰烬。寺僧鸠工……喻年落成，较前更壮丽可观。斯时，土木顿兴，僧囊一空，天王像不能不资。诸檀越幸远近，善士欣然乐助。越明年，天□□严成，是岁□兼冉子文□馆于陈秦处士家，寺僧请保……成不果镌碑，岁以原文遗失，今复屎予继序。因学殖荒落，强之再三，兹不揣丑陋潦草之讥，夫复何辞？至寺僧前后可记者，若透月，若拯（广内四木），若了缘，皆曹溪之派。今之承衣钵……大魁者，更有可状，匪独殿宇佛像实嘉赖之。而黄花、翠竹、细草、长松皆其手植，共谓会佛法者四百九十九人，而魁师不会佛法者也，其栽培银杏也。其功居多而其心众良苦……并记之，以助将来。嘉庆四年夏五月端阳后三日，静亭周光潮，序于众乐堂。（以下为功德名单，此不作录）

下款：

传临济正宗第三十六世中兴师太上透下月大和尚

传临济正宗第三十七世本师上拯下（广内四木字）大和尚

传临济正宗第三十七世法叔上了下缘大和尚（前承修监院照空）

传临济正宗第三十八世弘法大沙门上大下魁大和尚

本堂书记常恒敬书

皇清嘉庆四年岁次已未季夏月上浣吉旦监院华天及雨序合堂大众同立（楷书）

材质：石材（阴刻）

尺寸：215 cm×53 cm×11 cm 一块，215 cm×52 cm×11 cm 一块，（残）

位置：斋堂过道

年代：清嘉庆四年

作者：常恒敬书

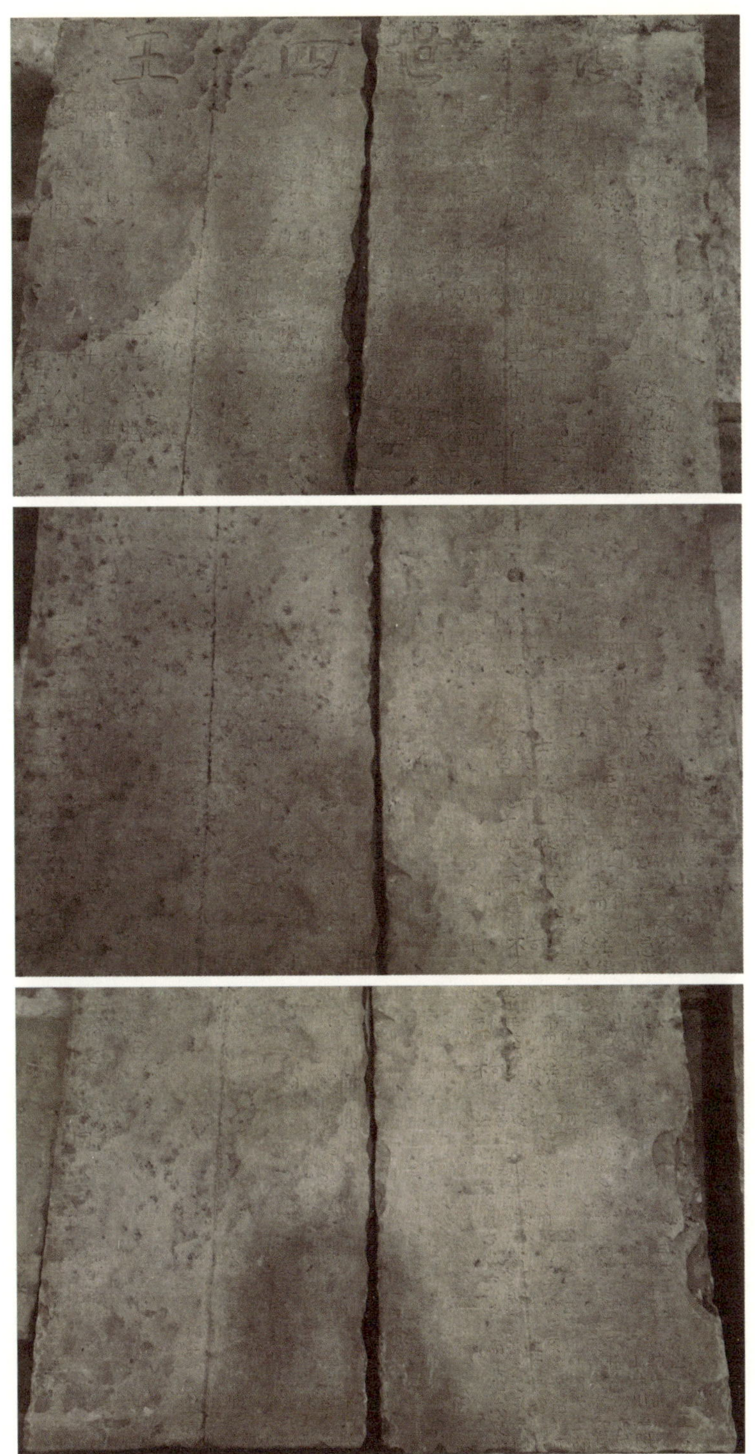

16. 碑文十六

碑名：重建银杏堂十方碑记

正文：方白海曰：儒言苑济□亦曾□□……无私之道□□自□□记生王室□……耆门山下，六大，九五。□万二千人口……万（尸果）此维未有十方□之名而也，有□……广东被孚，教南移登，什结□于山□……成败迭相，乘除未几，而蔺若清舍化□……子孙堂之有肖不肖得人的则兴矣，□……单□安禅，演梵之招提，自一□□……交应龙□偕凤嶂，齐迎后则用□□……自前明天启年间，风雨数橼，□□□……□锡至兹□□性好诗，并通书□□……大有造于十方堂之始也，越□□□……修堂宇，十方□□来学者如鳞□□……约置五千馀金，业产此，又林翁师□……定慧二公退□涧郡绅□檀那议□……流泽□勿衰也，□余荣师守成□□……□正杰可量也，目者法公招□□□……永远程式，(黄力)诸贞□一，凡施买□□……□□赔□单永不□□住一，每岁□……年深日久有不体□□，诸前人一□……□□十方之真心，即透老笑翁十方……传临济正宗第四十一世本堂方丈……云邑双松堂上三下德和尚首座……皇清同治四年岁次乙丑沛月谷日……本堂当今方丈上净下缘大和尚……本堂太尊□王示谕并□□□……□□□□□□□订，□永住十方丛林□……□□□□□□□十，黄钟月长主□□……（楷书）

材质：石材（阴刻）

尺寸：120 cm×70 cm×10 cm（残）

位置：法堂文物展厅

年代：清同治四年

作者：黄钟月

17. 碑文十七

碑名：银杏十四景总题

正文：□……眺……钓羆□……木鱼……石林……带水屏……崖前燕子……嵯峨王母□……龙舆凤辇巧……城临王母……点头石衲悟……凌霄城郭隔……天然玉带锁……宝珠光放□……天母云城……石和尚悟……朝阳远寨□……屹石僧伽□……瑶池王母□……宝珠涌献□……龙凤祥徵□……天鸡鸣处□……燕宿崖西……□□□头……（楷书）

材质：石材（阴刻）

尺寸：80 cm×30 cm×7 cm（残）

位置：法堂文物展厅

年代：清

作者：不详

18. 碑文十八

碑名：无

正文：……东。带水屏山大望珠，宝衔□……□重。悠悠带水果灵钟，仙临城郭□……□艇，回龙潜迹卧苍江，托珠客去□……□时，和尚沿门钵自持。大望山头□……□归。击钵敲鱼伫翠微。眼放屏山□……□虞，龙持珠宝凤衔书。穿阳崖宝□……□呼，和尚持斋奉钵盂。快望凤凰□……□齐，回首瑶池望不迷。珠宝盛来□……□排。王母登池望处皆，鱼乡屏山□……□哉。俯望龙沱绕凤台。带水风生□……□全真，放下经鱼不计春。寨处金鸡□……□氛。鸡唱朝阳燕拂云，层叠屏山□……□山门。钵奉明珠养世尊，燕语鸡啼□……□龙盘。得得金鸡引凤鸾，鱼跃天池□……□间，蟠龙翼凤日追攀。翠屏罨书□……□禅。持钵降龙百尺巅，丹凤朝阳□……□迢。王母城池望更遥。燕宿屏风□……□包。木鱼莲钵不轻敲，雀屏中目□……□桃。凤子龙孙奏玉璈。僧钵最宜□……□陀，钵贮迴龙养太和。翘望凤皇□……□佛家，向阳和尚补袈裟。屏围带水□……□朝阳，和尚敲鱼上佛堂。奉钵龙君□……□五更，鸡声唱罢又鱼声。羅龙打凤脩……□眼青，龙舒鳞甲凤涤翎。鱼吹细浪□……□头僧，抛欲钵鱼達上乘。懒向屏山□……□头，王母高登白玉楼。珠宝将贻□……□死心，无心和尚是知音。珠衣裁剪□……□昌三。木鱼响徹凤凰庵，青衣持钵□……□算尖。天生和尚聳观瞻，叠叠□□……□下凡，望临王母立巉嵒。钵□□……□□，龙沱凤凰山玉带，□……（楷书）

材质：石材（阴刻）

尺寸：100 cm×45 cm×7 cm（残）

位置：法堂文物展厅

年代：不详

作者：不详

19. 碑文十九

碑名：无

正文：……□大器□□□□□□□□许□私一□方丈约三年为度，惟有德者居之，倘刻众私漏照清……□结监院，凭公盟誓，清算刻漏者，亦罚赔迁单，勿宥一凡方丈与僧众不准本堂剃度，违者摈斥，倘……□，接众婆心，擅毁章程，永堕地狱。噫，是法公维持十方之苦心，即林翁静公十方之心也。林翁静公……□之心也。后世以前人十方之心为心，其相传讵有艾哉，是为序。同郡厅生月亭谭永恭撰……洞天大和尚噫师复院。徒：荣解退隐……□监院：辉开知客：真崇典座：本月知众：贯学维那：通达副寺：性德殿主：圆镜库头：常建（以下为两序大众，不作录）……□立，书记：本超、山青沐手敬录居士：秦未盛镌监院：戒明暨合院海众师钦奉……□刊碑以垂久远，庶使梵刹绵延，佛法常兴唉！……□□□□□吉立，焕文书，居士：向玉廷、张冬元（小楷）

材质：石材（阴刻）

尺寸：155 cm×46 cm×10 cm（残）

位置：居士楼一楼贮藏室

年代：清

作者：焕文

20. 碑文二十

碑名：万古不朽

上款：盖闻 关圣殿小引

正文：三教之中，惟以忠、孝、节、义……礼列书，删诗定礼五经箸……武圣帝君忠义秉烈，浩气……今为副 玉帝位以極……官员绅耆，柗那大善长□……尚统理，监院：慧源，知客：彝明……圣殿重修，望祈助缘，前……列名，是以为序。 以前……（以下为捐款人名，不作录）

（楷书）

材质：石材（阴刻）

尺寸：86 cm×66 cm×11 cm（残）

位置：居士楼一楼贮藏室

年代：不详

作者：不详

21. 碑文二十一

碑名：放生碑记

上款：特授四川石柱□□□□……

正文：禀请□□事本年二月十八日，石渠里十甲□□□□□……□□□□□□□□□□□民秦昌□雷天后秦昌□□□……□□□□□□□明未□□赵正万，陈美万，陈永光□□□□□□……杏堂自□□□古刹□僧于庙前河咩，地名龙潭□□□下……养鱼，惯遭□□之人口□捕捉，寺僧法相□力阻劝，□□……辱，□□□□□□□□□□□□□风水岂湛兹扰，为此，禀□□……示刊碑，永禁咸杂仁□□物之德无涯矣，伏包等情搪此……除呈□示外，合行当示，□禁为此示，仰□□□□人等□……来，渔户一律知悉所刊，银杏堂僧众养渔□□□□□□□……何得以□腹之，□□行欺僧捕捉，自示以□□□□□□□……玩，许该首事士□□□寺指名禀究□士□□□□□□□……得挟姘藉，故安□均于未便各堂禀道勿□□□……右谕通知

下款：道光三十年八月二十二日告示银杏堂龙……（楷书）

材质：石材（阴刻）

尺寸：160 cm×60 cm×12 cm（残）

位置：居士楼底楼贮藏室

年代：清道光三十年

作者：不详

22. 碑文二十二

碑名：不详

上款：……金身既满堂圣容碑记……

……□□美弗彰显之后，虽盛弗□……□动折断，惟其涂丹（舟隽）益言善……日年又一变，然历经古今□……前明正德庚辰年间，其时……间几兴，或废、或盛、或衰，年远难□……开期受戒，安禅接众，此杏堂……然维新迄今四十余年。金□……□涅磐矣。幸静公继起始兴……难袈□，并二十四位诸天满堂……□三嘱咐其徒，法相监院思□……□之愿倘即，林公之愿了□……□庄、寺、田一契自是佛日增□……开先继后，正大有人维持于其……信女藏经一二载，除缴费经□……藏经除用费，下

剩二十六串……锡场继顺乐输钱十串。（以下为功德人名，不作录。）

下款：……□六年岁次丙午暑月，本堂方……（楷书）

材质：石材（阴刻）

尺寸：100 cm×45 cm×9 cm（残）

位置：居士楼底楼贮藏室

年代：清

作者：不详

23. 碑文二十三

其他石碑

之一：

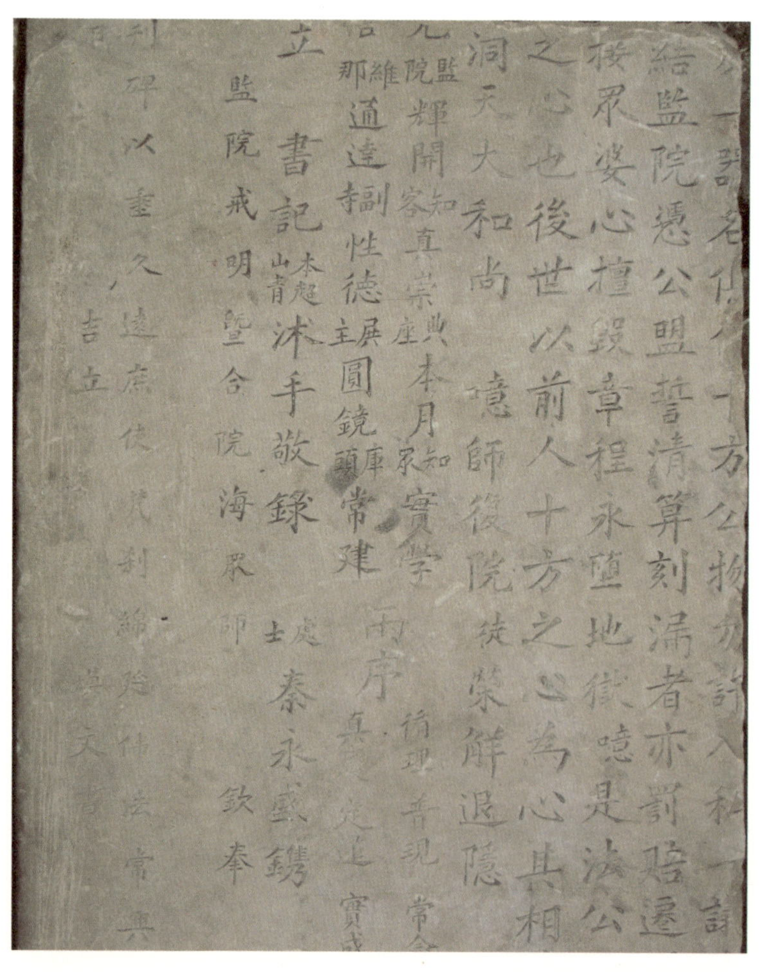

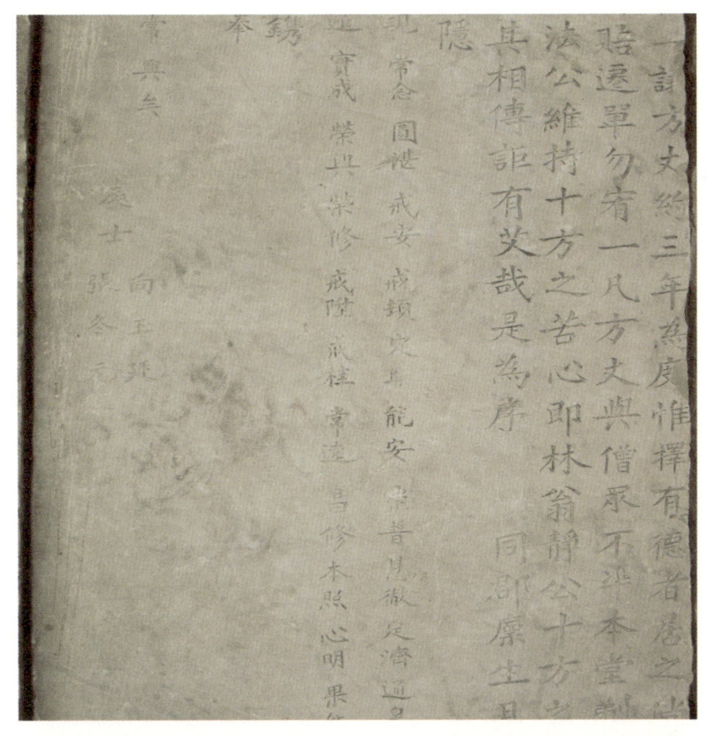

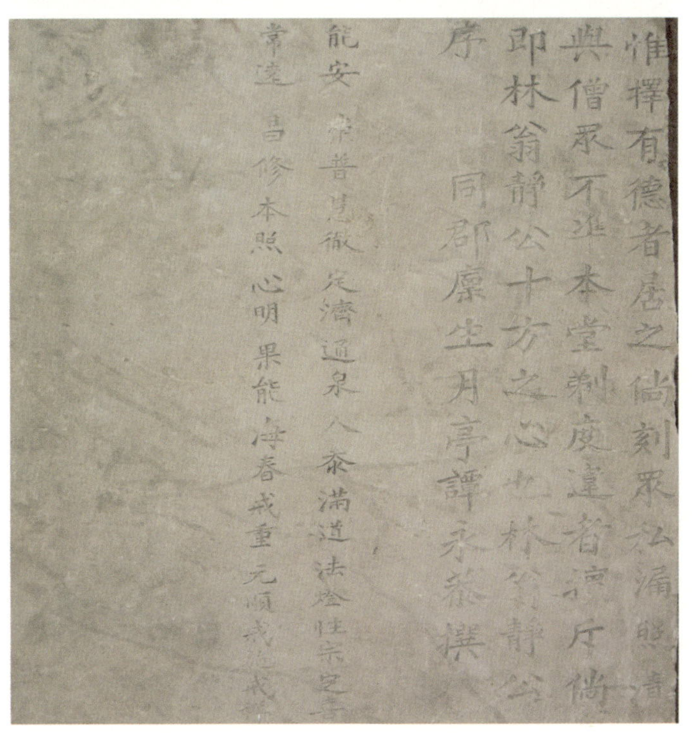

之二：

之三：

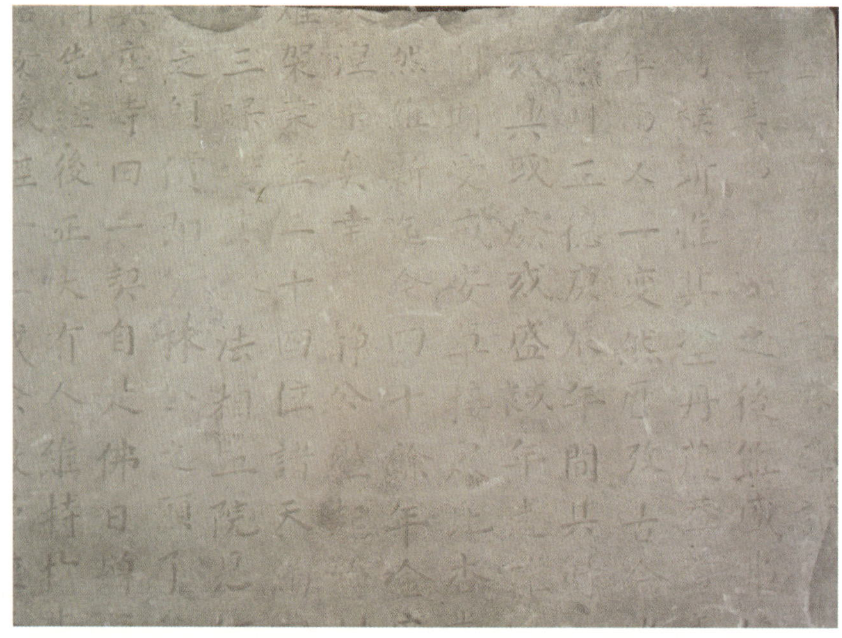

之四：

之五：

之六：

之七：

之八：

之九：

之十：

之十一：

之十二：

之十三：

之十四：

二、建寺修缮年记

以下以有史记载为准：

始建年代：唐武德年间，具体时间不详。

参考资料：

乾隆十六年古碑记载：明正德年复辟古南宾之遗刹。自宋朝后南宾县改石柱，固界定为唐代。光绪二十年碑载：至今千年，经历代累次加葑。

2010 年《石柱文物图志》宋、元朝无记

1398 年明惠文帝封皇家寺院

参考资料：寺内文字载：国朝自世祖开基，圣祖嗣统逮三传而至。宣宗成皇帝，圣圣相承，世守勿替，国家承平已数百年矣。方今，皇上御宇，神武英明，仁慈恢廓，远鉴帝王兴废成败之局，近守祖宗缔造艰

难之德。中外肃穆，皇图巩固。駸駸乎有万世无疆之休马。难曰：天运使然，岂非人事哉。

1520 年（明正德十六年）由果聪大和尚复建

参考资料：寺院古碑载：乃复辟于明之正德庚辰，有果聪和尚为重开住持建大殿。

1558 年明嘉靖三十五年由大舟大和尚修前殿

参考资料：寺院古碑载：嘉靖戊午有大舟和尚修前殿，方其隆盛。却遭兵燹致殿宇废，门壁圣像以损钿庄。

明万历年由广渊大和尚复建。具体年月不详。

参考资料：寺院古碑文献；万历间住持广渊和尚，有虞公陈大夫慨捐帑赀，装修殿宇寮舍，砌筑山门、垣堵，幸有仙公陈檩越，不惜千金之布于正殿，塑装三身大佛，二柱金龙及合堂，圣貌诸般雅丽，靡不观瞻，其兴盛固有年矣。

1649 年永历四年、顺治六年毁于朱容蕃兵变。

1723 年雍正初年由定慈大和尚复建盘龙寺。

1738 年乾隆三年当地陈、秦二姓捐田地二十石复建。

参考资料：寺院古碑载：

1740 年乾隆五年春，由当地陈、秦二姓礼请双桂堂上透下月大和尚入寺主持，重修后栋藏楼及厨房、浴室。并改名银杏寺。

参考资料：寺院古碑载：山朽于乾隆庚申春，应诸檀命，免为焚献。是夏，幸诸檀同心叶志，重修后栋藏楼及厨房、浴室，后以大造。

1746 年乾隆十一年秋，由石柱宣慰使马宗大、孔昭给印捐资。先后重修大殿，前殿。

参考资料：寺院古碑载：闻于司主马公，蒙概然给印捐资，诸遐迩士庶助赀，布粟者争先，佐工助力者恐后。

1748 年乾隆十三年春，重修东廊、禅堂、山门，雕装圣僧、诸天、伽蓝、祖师，接引导师韦驮。

参考资料：寺院古碑载：闻于司主马公，蒙概然给印捐资，诸遐迩士庶助赀，布粟者争先，佐工助力者恐后，于丙寅秋重建大殿、前殿。戊辰春修东廊、禅堂、山门，雕装圣僧、诸天、伽蓝、祖师，接引导师韦驮。

1749 年乾隆十四年，重修前殿弥勒，雕刻藏楼、观音、禅堂、药师列祖牌位，及合院诸圣容。并于乾隆十六夏全部竣工。

参考资料：寺院古碑载：己巳年坏消，前殿弥勒，雕刻藏楼、观音、禅堂、药师列祖牌位，及合院诸圣容。

1783 年乾隆四十八年寺院火灾，天王殿及部分厢房尽毁。

参考资料：寺院古碑载：乾隆癸卯岁，大殿火延及前殿四天王像皆灰烬。

1797 年清嘉庆二年春，由大魁大和尚重修被火毁寺院，并于嘉庆四年完工。

参考资料：寺院古碑载：寺院嘉庆四年天王碑记。

1807 年清嘉庆十二年，重修方丈静室，改设山门围墙，砌坝，粉壁画鳌。而殿宇楼阁，佛祖金相，焕然维新。以是，知厥工告竣。

参考资料：寺院古碑载：寺院嘉庆十七年碑记

清道光年（具体年份不详）：由潭永恭重写庙史，现剩残文，其中大部分被毁。

1865 年清同治四年，重刻庙史于石刻，“文革”期间被毁，现剩残碑，大部分文字毁坏。

1893 年清光绪十九年，由净缘大和尚重修大雄宝殿，并重获四川总都府葑地批谕。

参考资料：寺院古碑载：寺院内存大殿重修碑记、封地残碑。

1952 年：寺院及所有山地田产收为国家财产，归属石柱县人民政府管辖，并将此地设置为河嘴乡政府临时住地，同时入住的有供销、粮食、医务、学校，以及现银杏堂村村民住地和集贸市场。

1984 年划定为石柱县级文物保护单位。并逐步移出寺内住户和相关机构。

2002 年，由县文化部门牵头，石柱土家族人民政府发文；划定银杏堂保护范围，并对残存部分进行修复。相继成立银杏堂文物管理处专职机构，管理银杏堂。

2009 年，升级为重庆市重点文物保护单位。

2010 年，经县民宗委审批，成立银杏堂寺务管理委员会，对外开放，从事宗教活动。成为石柱土家族自治县首家可以从事宗教活动的活动场所。

2010 年农历 6 月 19 日，观音菩萨生日举行开光大典。

2011 年，重新规划寺保护规划，并获重庆市相关部门批准。县政府同时纳入大黄水景区，进行保护性旅游开发。

三、银杏堂历代方丈传承

银杏堂历代方丈传承记载以史料为准，漏或缺代均为无史可查。

唐、宋、元因史料尽毁，无传承记载。

1520 年，明正德十六年；方丈：上果下聪大和尚，传世代数不详。

1558 年，明嘉靖三十五年；方丈：上大下舟大和尚，传世代数不详。

明万历年间；具体年代不详，方丈：上广下渊大和尚，传世代数不详。

明万历末年，方丈：永真智先。

1643 年至 1648 年，明崇祯十六年至清顺治六年；方丈：破山海明禅师，天童传承、临济正宗第三十五世。

1723 年至 1740 年春，清雍正初年至乾隆五年；方丈：上定下慈大和尚。传承代数不详。

1740 年，清乾隆五年；方丈：上透下月大和尚，天童传承、临济正宗第三十六世。继上透下月大和尚之后传承至：上拯下靡大和尚，天童传承、临济正宗第三十七世。后续传弟三十七世上了下缘大和尚。

1799 年，清嘉庆四年；方丈：上大下魁大和尚，天童传承、临济正宗第三十八世。

1805 年；清嘉庆十年：方丈：上绪下辉大和尚，天童传承、临济正宗第三十九世。清道光年间；方丈：上秘下陆大和尚，天童传承、临济正宗第四十世。清同治年；方丈：洞天大和尚，临济正宗第四十一世。

1893 年，清光绪十九年：方丈：上净下缘大和尚，临济正宗第四十二世。

2010 年至今；住持：释亲觉。

第三章　银杏堂寺院传说故事

千年皇家古刹——银杏堂，有着许多传奇的故事，这些故事长久流传于民间，成为附近村民茶余饭后的话题。千百年来，人们用寺院附近的山山水水、大自然巧夺天工修塑成的各种形态，以及历史上所发生的某些事件，编织成一个个富有传奇色彩的故事，一代又一代地口口相传，最终演变为今天的传奇故事。

一、天外神钟

相传寺内原有一口铜钟，声音清脆，钟声可传百里。每逢寺庙要举行大型佛事活动，只要钟声一响，附近村民以及十方信众都会前来参加佛事活动，周围人山人海，好不热闹。

关于这口铜钟，它的来历可是神之又神。相传寺院建好的第三年，时逢当地天旱，地里的庄稼眼看就要旱死。于是，附近的村民纷纷来到寺院，烧香跪拜祈求佛祖保佑，降瑞雨以救大众。

寺内方丈为救百姓之苦，每天给佛祖烧香念经，乞求佛祖显圣。七天后，老和尚打坐时渐入梦境，见佛祖手托一口铜钟，自灵鹫峰抛出，并说如能找到，便带回寺院挂上，早课时敲三声铜钟，苍天自会降福于人间。

老和尚从梦中醒来，立即奔出庙门去找铜钟，刚至庙门，老和尚见云层中有一铜钟飞来，铜钟撞击到庙前的银杏树后落在地上，落地时发出的声响，响彻云霄，久久回荡在寺庙周围。

老和尚知道这是佛祖“显灵”，送钟来祈雨降露的，立即叫寺院僧众抬起铜钟，并悬挂在寺院钟楼之中。

第二天上早课前，老和尚按照佛祖梦里所授，亲自敲响铜钟。三声钟响之后，天空下起瓢泼大雨，解了当地的旱情，当年庄稼喜获丰收，老百姓也过上了丰足的生活。

之后，这口铜钟成了附近村民心中的神钟。每逢初一、十五，附近村民和十方信众都会前来庙里烧香拜佛，乞求佛祖，保佑一方百姓平安吉祥、风调雨顺、国泰民安。

那棵被铜钟砸过的银杏树，从此也变了形态，一半树叶葱绿，一半枯萎，形成了一道独特的风景。除此之外，该树还有更神奇的治病效果，谁家只要有人得病，无论大小，无论是怎样的难治之症，只要取这棵树的皮与药一起煎煮，什么病都能痊愈。

与此传说相关的物证：铜钟 1958 年大炼钢铁时遭毁。银杏树经过千年之后，20 世纪 90 年代初毁于大火。

二、白果成仙与寺名由来

相传明末，寺庙兵变遭毁。清雍正初年，寺庙重建之后，香火一直不旺。几百号僧人的大庙不到一年时间，跑得只剩下方丈和两个小和尚。

正当寺内老和尚愁苦之时，忽获一梦：三日后将有一高僧来庙挂单，此僧乃庙前的白果树（银杏树），因守护寺庙千年有功，佛祖度化其为人身，并安排在梁平双桂堂修炼，今已修成正果，特回盘龙寺重振往日繁盛香火。如果你不相信，可到庙门口银杏树前观看，看看树身是不是有九个戒疤，如果有你就照我说的做，自现在开始，改盘龙寺之名为银杏堂。并将方丈一职让给该僧。

梦醒后，老和尚急忙跑到庙门口银杏树前观看，果如梦中所说，银杏树躯干上有九个白色的戒疤。看到这情景，老和尚自知是佛祖托梦于他。于是，第二天忙改寺名为银杏堂，并在庙前打坐，等待高僧到来。

第三天，如梦所说，果然来了一位高僧。于是，老和尚便将方丈一职让于该僧，潜心学习佛法。之后，寺院香火繁盛，远近闻名，一度成为名震川东的名刹。

三、神龙复活

人们踏进银杏堂的大雄宝殿，出现在眼前的是两条长达六米的金龙。金龙头下尾上，盘绕在释迦牟尼佛像前的两棵大柱上。两条金龙张着大口，互相对视着咆哮，面部那痛苦的表情，仿佛是在对佛祖提出抗议，又仿佛像是在乞求佛祖对它们的谅解，还身于自由。

像这样依柱而盘的金龙，在银杏堂原有八条，分别盘在庙里的山门、天王殿、大雄宝殿，以及千佛塔院。现今保留下来的就只剩下大雄宝殿这两条了。

关于这些龙，民间流传着一个美丽的传说：相传此处未建庙前，一直生活着九条龙。九龙通过庙前深不见底的龙潭，来回穿梭于大海与内地。每逢炎热的夏季，九龙相邀戏游于此。它们在龙潭里翻飞腾转，引得电闪雷鸣，暴雨连连，洪灾四起；有时又吐雾吞云，令人们行走山间不辨路径，一时间民怨四起。

民冤之声惊扰到远在南海的观音菩萨。观音菩萨立即驾云前来观看，发现原来是九条龙在此祸害人间。于是请来如来佛祖，合二人之力，将带头的那条大龙化为山脉，其余八条用捆龙索锁在龙潭里。佛祖事后又怕龙挣脱捆索，逃回大海，再次祸害人间，便与观音菩萨双双化身于大山，挡住龙的逃路。并吩咐当地百姓，在被化成山脉的那条龙的头上建一座寺庙，起名盘龙寺。庙建好后，再将龙潭里锁住的其余八条龙锁在寺庙的八根主柱上，并用铁钉钉其尾部于柱头。如此方可保其永不为害人间。

之后，当地百姓按照佛祖嘱托，一一照做。惟一做得不完全的是大雄宝殿内的两条龙未用铁钉钉住。

当地百姓一直过着平静安稳的日子，转眼过了几百年。忽然一天夜里，雷声大震，刹那间下起了狂风暴雨。一夜间洪水淹没了庄稼和村舍，村民们没有了去处，纷纷跑到庙里躲避洪水灾害。

起初人们并没有想到是庙里的龙在兴风作浪，洪水退后又回到原地重建家园。可是，没等房屋建好，又是一场洪水淹了家园。紧接着每隔三五天就会发一次洪水。

面对如此情况，人们想起了庙里被佛祖锁住的龙，会不会是龙在作怪？于是纷纷入庙察看详情，可是令人们失望的是，八条龙都好好的盘在寺庙柱头上，丝毫也察觉不出任何端倪。

就在人们苦思冥想找不到答案之时，寺院一老和尚发现大雄宝殿其中一条龙，龙头下方的地面上有一摊积水。老和尚转念一想，觉得有点不对劲，殿内又没有什么地方漏雨，这摊水从何而来？

老和尚揣着心中的疑问，仔细将柱头上盘着的龙看了一遍，从中才发现积水来自其中一条龙的角上。该龙的角上挂着一根水草，虽说此时水草上的水早以流尽，可看得出水草还是新鲜的。

看到眼前这种情况，老和尚心里有了主意，他立即叫寺院的一个僧人前往龙潭，取潭中水草来对比，如果潭中水草与龙角上的水草相同，洪水灾害必是大殿内的龙所为。

水草取回来一对比，果然不出老和尚心中所想，正是这两条龙所为。紧接着老和尚又重新检查了一遍寺庙内锁在各殿的盘龙。随后，他又发现除大雄宝殿的两条龙根本没有被钉压在柱头上外，其余的则都被钉压在柱头之上。原来是大雄宝殿的龙所为。

查明了真相之后，老和尚忙叫人拿来铁锤和铁钉，悄悄从龙的身后一个健步直跃上高达六米的龙尾处，手起锤落，闪电般将龙尾钉在柱头上，紧接着又快速跃到第二条龙的位置，以同样快的手法将龙钉住。

两条龙突然被钉在柱头之上，铁钉刺入肉体引发了龙的疼痛。龙拼命地挣扎咆哮，直弄得大殿的柱头吱吱作响。老和尚怕龙继续挣扎会弄垮大殿，连忙用香客供给菩萨的红布，将龙身再捆一遍，终将龙降服。事后人们问老和尚，为什么捆得结实的龙会脱逃呢？龙既然已经挣脱了捆绑，为什么它不跑呢？老和尚道出了原因。捆龙索是有年限的，五百年后会自行消失，所以在捆上之后得钉在柱头上，这样才会永保平安。至于为什么龙不逃跑，那不是它不想逃，而是龙没法逃。当年佛祖降龙时就已经做好防范措施了，用自己的化身压住龙潭通往大海的通道，又用观音菩萨的化身形成山脉，守住南方通道，所以龙没法逃出盘龙山。从此以后，当地风调雨顺，百姓安宁。

四、教化犀牛

相传在很久以前，寺庙前的龙潭里，不仅住有九条龙，还有一对犀牛，龙因经常呼风唤雨祸害当地村民，被如来佛和观音菩萨钉在庙里。犀牛比龙狡猾许多，它俩吸取了龙在本地惹祸被收服的教训，从不在本地做一点坏事，给当地村民很好的印象。

可是每到庄稼成熟的季节，犀牛便顺着官渡河游到湖北境内，大肆吞吃庄稼，扰得当地村民不得安宁，怨声四起。

最初，村民以为是山上的野猪所为，便组织村民上山打野猪，可等到野猪打得很稀少之后，地里的庄稼依旧破坏严重，每年的收获依旧少得可怜。

面对如此窘境，村民们一时间不知如何是好，苦思冥想一段时间之后，决定采取最古老的办法—— 守株待兔。

之后，村民们发现偷吃庄稼的原来是犀牛，在村民的一阵围攻之后，犀牛负伤而逃，它俩不敢再逃回龙潭，选择逃进银杏堂的放生池里。

犀牛知道，村民不会在寺庙里将它们杀害，而且庙里的和尚也不会见死不救。

然而犀牛没想到的是，村民顺着他受伤后的血迹找到了犀牛躲藏的地方。虽说是村民都知道寺庙里是不能杀生的，可在气头上的他们也顾不了这么多，操起手中的工具就往放生池里打。

放生池里的吵闹声惊动了寺内的和尚，得知其因，本着慈悲为怀的原因，规劝村民留下其性命，将犀牛交给寺庙看管，村民所受的损失由寺庙赔偿，并保证它们今后再不会出来危害村民。

经过寺庙和尚的一番劝解，村民们同意犀牛交由寺庙看管。

和尚们怕犀牛再出去祸害老百姓的庄稼，便用铁链先将两条犀牛锁于放生池内，而后开始对犀牛进行教化，每天让其聆听经文，思过忏悔。

天长日久，犀牛渐渐开悟，潜心修炼，一心向善。最后，它们终于得道成仙，留下石身于放生池，化作一片彩云飞入仙界。

五、修庙传说

远在盛唐时期，那时还没有石柱县，其它各县地盘很大，再加上西南地区又为所谓的蛮夷之地，很不好管理。自古就有一种说法，蜀安则国安。为了便于管理，同时不让各地方政权做大做强，危及朝廷社稷，决定析忠州、丰都和浦州三地部分土地设置南宾县。

古人建县城是很讲究风水的，县址得请专门的风水先生来选。

经过一番实地考察之后，风水先生选定了两处地点供参考：一是现在的县城南宾镇，二是银杏堂。最终选哪一处建县衙，这还得等官员们来定夺。官员们看完了实际地形，根据风水先生所说的理由，选择了在银杏堂这块宝地建县衙。

然而，当正准备大兴土木之时，忽遇一奇士路过此地，见许多人在挖基础，忙问何因，得知将修县衙之后，朝天大笑三声，随后说道：此乃天子之脉，吾佛于山，必出贤士、大夫，立城于此，必遭战乱，殃及百姓。奇士说完，扬长而去。

监工的官吏闻听此言，快步追上奇士，问其究尽。奇士初不解释，后在官吏的再三恳求之下才道出其中原因。

原来银杏堂的风水乃龙脉，依据风水、八卦之说，其朱雀位的山型为一山三型，其形状似金元宝，又似玉玺，更像一个男人仰面而视天空。玄武位又是盘龙山的龙头，白虎位的山型又似一个女人仰面而视天空，与男相头对头而躺，青龙位与其它几个位相比，就数青龙位最低。朱雀位占财、权、人三合，青龙低于白虎，白虎位上睡观音，所出天子为马上皇帝，代代出将军，此地理如修县城，必战火连年，老百姓将苦不堪言。如修庙改天子脉为将相侯爵脉，老百姓生活风调雨顺，国安民顺，朝朝皆出文士大夫。

监工官吏闻听此言，谢过奇士，忙将此事汇报主事官吏。随后，官吏们又请了一位风水高手重看，得到的结果大致相同。

按理说官员们应该放弃在此处修县衙的想法，然而放弃此地又有些不甘心，继续施工老百姓已经知道此事，必将阻拦，不修吧，又花了这么多银子，一时间左右为难。

一翻苦思冥想之后，最终想出了一个认天命的办法来：用泥土称重，即用南宾镇的泥土和银杏堂的泥土等量对称，那一地方的土重就在那一地方修县城，结果南宾泥土重于银杏堂，官吏们不得不改修县衙于南宾。之后银杏堂这块地也就用来改修庙了。

六、僧兵传说

民间一直流传银杏堂的武和尚个个武功了得，飞檐走壁、走路快步如飞，棍棒舞动泼水不进。上阵杀敌如狮似虎，令敌闻风丧胆，播州平乱，北上勤王都曾立下了赫赫战功，多次得到皇帝的诰封。

故事还得从头说起：话说很久以前，寺内有一武僧，法名果萝和尚，负责看守寺院门前官渡河，防止闲人偷鱼虾坏水渠。

该僧武功甚是了得，寺院大门离官度河足有百米之远，它只需几步即可跃到河边，随手扔颗石子，百米开外说打你鼻子不会打到眼睛。

他手拿一把金扇子，每天习惯性坐在庙门口的石狮子上，兢兢业业守护着官渡河上的一切，寺庙因为有他的守护而变得非常的清静，没有谁敢来闹事。

由于他武功高强，难免会招来江湖人士的妒忌。有一天，一位曾在庙宇偷东西被果萝和尚抓住过的地皮流氓，纠集了一帮武林高手来寺庙找麻烦。果萝和尚见状，知道来者不善，处理不好，必有一场大斗。

然而，佛门乃清净之地，出家人习武除了看院护寺，就是强身壮体，如果在寺院大打出手，必然会影响寺院声誉，而且还会招来方丈的责罚。

鉴于此情景，果萝和尚决定智斗眼前这帮江湖高手。只见他二话没说，退身于大雄宝殿的石柱旁，抬起右腿朝柱头踢去，只见八个人才能抬起的石座子瞬间从里碎裂开来，怪的是，立在石座上重达近两吨的石柱却没有倒下。

众江湖高手见状，惊吓得大气都不敢说一声，他们内心十分清楚，这一脚如果踢在人的身上那肯定粉身碎骨。于是，在场的所有人什么话都没说，慌忙退出寺院。从此再也没人敢来寺院闹事了。而此后，寺院僧众也便沿袭了习武之风。明末清初时，寺院僧众还以习武之身协助播州平乱，北上勤王，这就是被人称为立下赫赫战功的“僧兵”。

现今，当年被果萝和尚踢碎的石座子，在经历了几百年的风吹雨打之后，依然屹立在大雄宝殿门前，仍旧支撑着那颗重达两吨的石柱。

七、寺内观音菩萨由来

银杏堂早在明朝以前庙内是没有塑观音菩萨的，原因是寺外有一尊由山型自然形成的观音卧像，所以庙里就不再设置观音殿、信众来寺烧香只需举香朝拜庙对面的天然观音菩萨就行了。

现今大雄宝殿内的观音菩萨是明朝中期才塑造的。相传在未塑观音像之前，寺庙内发生了许多怪事，寺内僧人接连不断生病，而且久治不愈，每月都会因病圆寂一个和尚。

久而久之寺内方丈万般无奈之下，只好从远处请奇士前来庙内诊治。奇士来庙察看了小和尚的病情后，什么话也没说，直奔大雄宝殿释迦牟尼佛像的后背处，并请方丈叫人将佛座后下方挖开，取其土来观看。

随着挖掘深度的不断推进，原本咖啡色的泥土变得越来越红，挖到最后，中间的那一块像鲜血般红。挖到此刻，奇士叫僧众把红土全部取出倒入龙潭，并吩咐重新取庙后盘龙山龙颈第一脊上的泥土复填此坑。填完后再塑一尊千手观音在此。再取庙后罗汉松和红豆杉的叶煎水服之，生病僧人之病自然痊愈。

事后奇士道出缘由，盘龙山共分九峰，龙头处为灵鹫峰，释迦牟尼佛的虚弥座下乃龙穴正中，即龙头的印堂正中，当初修此庙就为镇住此龙，不让其抬头祸害人间，确保国运昌隆，人间风调雨顺。

自从有了观音菩萨塑像以后，寺院僧众从此安好无恙。

第四章　银杏堂被湮没的历史

一、寺庙历史回顾

银杏堂原名蟠龙寺，又名盘龙寺。至于寺庙建于何朝何代，说法各不相同，但有一点可以肯定，那就是寺庙更名年代这一说相同：乾隆二年与梁平双桂堂同步更名，合称姊妹堂，号川东二堂，银杏堂修建在前为姐，双桂堂（原名福国寺，清顺治九年动工，十六年修建完工）为妹。

乾隆四十年（1775 年）由王萦绪编撰的《石柱厅志》中记载："银杏，乃厅境大刹，创建久远，殿宇深邃，僧徒繁多。银杏且岁开坛，授具足戒。乾隆初，透月和尚闻名远近，始刊语录流传，则油滑浅薄语。所作诗文皆鄙陋不雅驯，直粗识字句，一俗僧耳。前明万历丙辰，宫保尚书卫承芳撰寺碑，亦平庸无义。岂土人假其衔名耶？抑捉刀者代为应付耶？"。

道光二十三年，直隶石柱厅同知王槐龄纂辑《补辑石柱厅新志》记录："银杏寺，在城东北二百里，创自明万历中（其时有宫保尚书卫承芳撰碑文，旧志以平庸未录，今遗），厅内大刹也。殿宇深邃，僧徒繁多。每岁开坛，授具足戒，（乾隆初有僧透月，著名远近，诗文鄙陋，语录浅薄，一俗僧耳，非竺岫、净石比也。"

寺内新从农户粪坑内挖掘出的光绪二十年残碑中又记："……云至大、至刚，至今血食千年，历代累次加封……"因是残碑，上段文字尽失。

乾隆十六年石碑中又载："究考古殿梁记，乃复辟于明之正德庚辰，有果聪和尚为重开住持建大殿，嘉靖戊午有大舟和尚修前殿，方其隆盛，却遭兵燹，致殿宇废。"

该碑还刻有"石柱宣慰司先任宣慰使马宗大，现任宣慰使马孔昭"

碑文落款有："本堂正宗三十六世中兴弘法沙门真明谨撰并书"等文字。只可惜此碑也残缺不全。

分析以上史料，无法界定寺庙的确切修建年代，厅志说年代久远，补志确定为明正德年初，而光绪年碑又写至今血食千年，乾隆十六年碑记又载明万历年初复建古南宾之遗刹。

以上为寺庙可查史料，除此之外，本地民间还流传这样一种传说：此处原准备用来建县衙，建造前共选定两处，两处的地理环境、风水都相宜，究竟选择哪里一时难以定夺，便采用了称泥土重量的方法来决策。同等体积的泥土哪方的重就在哪方建县衙。结果南宾镇的泥土重于蟠龙山，县城就自然改地而建了。民间又有一传说版本：选址取土时，在现在的庙址处曾挖出来一尊石头菩萨，疑是菩萨显灵而改修庙了。

不管以上传说是否真实，但有一点可以推定，民间传说并非空穴来风，应是有一些影踪的。

按以上史料和传说，笔者曾做了这样一翻推论：如果照寺内光绪二十年碑文记载往前推一千年，应该是公元 752 年前后，那就是唐玄宗时期。

如果按乾隆十六年碑记推论，"复建古南宾之遗刹"。银杏堂就应该是在南宾县建置时期就存在了。而不应该是补志所载明正德年间始建。因为：史载石柱初建县历史沿革为；唐武德二年（619 年）析蒲州（今万州）武宁县西界之地，置南宾县。南宋建炎（1127 至 1130 年）时设石柱安抚司，明废南宾县，并入丰都，明洪武八年（1357 年）升石柱宣抚司。明天启元年（1621 年）升石柱宣慰司，清乾隆改石柱直隶厅。

根据县史沿革和碑载古南宾县，银杏堂建寺年代至少应该推至南宋以前。

另外：民间建县选址传说中的县城南宾县，建县是在唐武德二年（619 年），与南宋建石柱安抚司前后相差 508 年。笔者曾经想过，民间传说中的建县是不是指的安抚司城。然根据乾隆十六年古碑所载内容，却难以相符。传闻中的内容，更多的所指应是唐代初建南宾县。

我们都知道盛唐时期的经济是很繁荣的，自唐贞观初年（627 年）唐玄奘外出西域取经，于贞观十七年（643 年）回国后，朝野上下都广修庙宇推行佛教，各地也纷纷效仿。在近百年时间里，华夏大地各种寺庙如雨后春笋般拔地而起。举国上下大小庙宇难以计数。

当时的蜀地也不例外，更何况佛教初入华夏之时，大多修行佛法的高僧都在蜀地，特别是隋代，藏于蜀地深山里修行佛法的高僧更是众多。唐代高僧（玄奘）未西行取经前，也曾入蜀地四下拜访修行高僧学佛，并在成都受具足戒，事后踏上西行之路。

从佛教历史资料中我们不难看出，远在隋唐时期蜀地的佛教事业与之中原地区相比，其盛兴程度都是中原地区没法相比的。《川滇黔佛考（又作西南佛教考证录）》中也明确记载大唐时期随着朝廷对佛教的重视，各种大小寺院如雨后春笋般在蜀地出现，原隐居于西南山中修行的高僧也奔赴华夏各地，开设道场，弘扬佛法。

回过头来再说石柱的佛教事业。石柱乾隆年厅志寺院志中记载："汉以后民多奉佛，边省为甚，土俗更甚。厅地三里十甲，释老之宫，不可胜数。守土者愧德位不逮，前贤不能，尽为毁除，未免抱歉。"此段文字充分证明了早在明清以前石柱境内寺庙繁多，只因毁坏严重，至民国后所剩无几。

思索以上史料和民间传说，笔者也曾一度困惑：一个曾一度拥有近五平方公里的大刹，为何在众多的史料里找不到踪迹，是漏记还是有其它的原因（关于此点困惑将在古寺庙灾一节中叙述）。后来，在闲阅《易经像数风水》一书得到启发，再结合当地民间流传的从地里挖出菩萨改县城于南宾一说，大致解开了建寺原因。

我们都知道，华夏大地自开国立朝伊始，建都建府都特别迷信风水，上至皇帝，中到将相侯爵、达官贵人、下至庶民百姓，谁都会给自己的都城、官邸、宅舍选一处好的地修建。通常情况下，国看大风水，民看小风水。根据当时的风俗，石柱（旧时称南宾）立县时官吏们也免不了在辖区内寻觅一块风水宝地来建县衙。银杏堂地处施州（今湖北恩施）与万州的交接处，其地理位置属石柱的东北门户，就是不具备建县条件，至少也应该建一个边关重防机构。

站在灵鹫峰上注视对面，初看最远处的山峰，峰型似一个金元宝立在眼前，而细看确又像皇帝用的玉玺横放在笔架后（山前还有一座笔架型小山）。如与周围山水同看，此山又似一尊男性佛像仰面平躺在山间，更为奇特的是在它右边又有一尊女身像也是仰面平趟（此女像民间称之为观音菩萨睡像）。两尊佛像头顶相对，中间略微隆起的山峰似一道睡枕将两头隔开，平和安详地沉睡着。

至于古寺什么年代修建并不重要，建于唐朝也罢，建于宋朝也罢，建于明代也罢，反正寺院是实实在在的古寺。重要的是该寺存在的许多谜团，至今难以破解，接下来将寺院之谜和盘托出，也希望有专家学者能给予破解……

二、古寺地界之谜

银杏堂（明代称蟠龙寺），作为石柱境内最大的一座寺院，谁也想不到它曾经有多大的面积。附近村民说：民国时期它都还拥有方圆二平方公里的土地面积。新中国成立后分田到户，它的土地养育了整整一个村的人，也就是现在河嘴乡银杏堂村的土地都是原银杏堂的土地。

追溯历史，明朝时其拥有的土地远不止这些。寺内残留的清乾隆年间残碑还有明确记载，西至现今河嘴乡庙坝（3.5 公里），东到今联盟村（1.5 公里），北至整个盘龙山和金盆（屏）山（约 2.5 公里长），南至金鸣寨（今联盟村）。寺院土地面积的公布还都是朝廷下发的。

韩隆十六年碑为石柱宣慰司告布，光绪年间由川东兵备道告布，另一块则刻有总督部堂张，碑正文为“特授石柱直隶理民府……”等，内容除了土地封赏，还有一些加级类的。只可惜寺内碑文在“文革”期间都被农户尽数捣毁，用去充当房屋基础石，修筑猪圈、厕所等，现收集回来的没有一块是完整的，因此难以详细界定。

根据目前发现的一块《银杏十四景》（此碑年代无考，因碑下半部不知下落，但有一点可以肯定，应是清乾隆年后所刻，寺庙更名银杏堂是在乾隆年间）碑刻内容来看，其土地拥有面积大得惊人。我们曾按照断碑上所残留的文字记载逐一查证，最远处竟远离现在的银杏堂二十八公里。也就是现今的湖北省利川市罗福店的王母城。下面笔者将能辨认的碑文罗列如下，省略号表示以下无字。

“带水屏……（指蟠龙山官渡河）

崖前燕子……（指现临溪镇小学崖壁，原正龙寺）

嵯峨王母……（指寺庙对面山型暗藏的一尊女像）

龙兴凤辇巧……（指盘龙山与王凤沟）

城临王母……

点头石纳悟……

凌霄城郭隔……（指王母城远景，每逢天空放晴，站在金屏山远视，王母城如海市蜃楼般悬于空中。）

天然玉带锁……（指官渡河）

宝珠光放……（寺庙对面元宝山，每当晨间太阳升起，此山中间突出的似圆珠部分金光一片）

天母云城……（现湖北王母城）

石和尚悟……（现石柱河嘴乡联盟村与湖北罗福店花园村交界处，又名船石山，山型似船得名，船舱中间部分有两石柱酷似僧人，现称三角石石和尚，古为通湖北必经之路，明代高僧破山大师曾有诗赞此山。）

朝阳远寨……（现河嘴乡光新寨梁，原寨在山顶，三面悬崖，独路通寨，现已毁）

仡石僧伽……（同指船石山，原有两尊似僧人的石柱，现存一尊，另一尊七十年代遭雷击毁）

瑶池王母……（今湖北利川市王母城）

宝珠涌现……（站在金盆山现孙大田处顶观看五马石山可现宝珠）

龙凤祥徵……（指蟠龙寺（今银杏堂）与凤凰寺（庵），“文革”期间遭毁，现只剩基础）……天鸡鸣处（现河嘴乡金鸣寨）……”

依据以上残文，笔者在一年多的时间里多次依文寻景，查阅史料，问当地百姓，访原寺已还俗老僧，现今除有少部分因毁坏和几百年来地名的更改难以确定外，终于弄清了大部分的景点。

关于碑文中提到的点头石纳究竟是盘龙山对面通洞山寨路边燕溏上的那块被人工开采过的石头（现已没头），还是洞下那几块大岩石（原石壁上嵌有一尊佛像，现毁），现难以界定。关于银杏堂附近的景点和地名，在明代高僧破山大师的诗中出现颇多。下面摘录部分供参考：

题蟠龙山拈示含光禅人

山头白浪启蟠龙，怒雨轰雷吼碧空。
珍重主人惺两耳，全身尽丧爪牙中。

夜宿三台寺

夜宿三台景物幽，梦魂深入古溪头。
鱼龙不许淹留住，放出波心月满楼。
（浙江嘉兴藏本指蜀南宾三台寺）

备注：三台寺，明代时归属石柱黎场（今临溪镇黎家），属石渠里管辖，建有三台寺于此。寺庙遗址现属湖北利川市坪镇，古时属南宾，古时该寺为石柱通荆楚另一隘口。诗中点头玩石与寺内《银杏十四景总提》碑中所提“点头石纳”正好在古时从银杏堂走黎家通荆楚之路上。

碑中所提到的“屹石僧伽”，破山大师曾在自己语录中留下两首赞诗。

赠两石禅人

几度来崖艇，诗瓢未尽欢，欲离文字学，且逐水云山。
拔剑安人忌，挥锄得路还。此行真太息，无复弄钓竿。

诗中所提崖艇就是现河嘴乡联盟村与湖北利川罗福店花元村交界之处，山后属湖北，山前属重庆，当地人称此山为船石山（石和尚）。山顶船中屹立的两尊石像就是诗中的两石禅人。

关于艇山大师还另有诗赞：

题崖艇

孤艇危崖 aì 乃声，而今满载未通津。
天仙桥自牢关锁，直至驴年不放行。
（诗中括号内字指嘉兴藏本，现引用的为双桂堂译本。）

从碑记到名家诗藏，面对银杏堂的地界之大，笔者始终难解何因。尽管《石柱厅志》曾记载土司时期石邑大部分土地属寺产，可如此之大的寺产又是怎么来的呢？捐赠还是封赏？捐赠，这是不可能的，当时的石柱哪一个财主有这么多土地和钱财。如是封赏，朝廷又凭什么封赏呢？

翻开史料，终究还是查不出蛛丝马迹。

关于蟠龙寺的历史记载几乎为空白，倒是破山大师弟子郢州当阳泉嗣法门人印正在康熙癸丑年孟夏月撰述《破山海明和尚行状》中有这样一段文字："师蟠龙解制，与徐公说法，以酬为法恳求之愿也。蟠龙则有牟吏部尚书郎秉素，奉差金陵，遇朝宗和尚告以天童衣钵，正在破山。归乡与樊总制我劬，肃简迎师于蟠龙，大振法道，风励初学，朝夕咨决，其惬积怀。万福则有谭兵部道四，阖放讲武，累世谈兵，虽当大乱之际，无敢侵梁万之疆，安居在阵云阐化，亦如治世。末后双桂……"

通过此段文字可看出该寺的些微端倪。在明朝万历年末期，石柱蟠龙寺隶属于吏部直管，破山大师入住银杏堂是受金陵旨意。小小一个寺院任命方丈还得受皇宫节制，这在古代历史上还有些难解，除非是皇家寺院，再不就是另有它用。

注：金陵，现南京，李自成攻陷北京后，明朝流亡官员于顺治元年（1644 年）五月在南京拥立福王朱由崧成立南明朝廷，反清复明，改年号弘光，历时一年，于顺治二年五月被灭。文中所提"牟吏部尚书郎秉素"即时任明朝吏部尚书牟秉素，"樊总制"乃当时总管西南军务的川陕总督樊一蘅。细纠此段文字，银杏堂如此大的地界也就因有出处了。

三、寺院建筑之谜

在未叙述古寺建筑之前，首先得了解银杏堂的现状。沿河嘴乡庙坝路口，顺官渡河堤行 3.5 公里处便是银杏堂。初来者无熟人指点，你根本没法找到这座藏于深山之中的古刹。满山的参天古树掩盖着整个寺院，"不闻林间起磬声，哪知山中藏古寺。"

据当地村民介绍，新中国成立前这里的古树更多，许多的树都是二三人都合抱不了的，就是站在对面山上也难看到寺院。庙里庙外都是高达二十多米的大树，树龄大都在好几百年以上。

1958 年大炼钢铁时，大部分树被砍去当柴炼钢了。庙宇也遭到了不同程度的破坏，凡是金属类的物件也都拿去炼了。如今剩下的古树也就一两百棵，大都分布在灵鹫峰和金屏山两处。

树的种类已留存不多，古树中除了柏树、枫香较多外，余下的已屈指可数。原在庙前的三棵千年银杏树，也在十多年前枯死，而其中最大的两棵银杏树要四个成年人才能勉强抱住。

寺庙周围现存几棵名贵古树。其中有国家一级保护树种红豆杉，六棵野生红豆杉树围最小的也有 1.6 米，最大的竟有 3.6 米；二级保护植物罗汉松，树围 1.96 米。保存下来的树龄大多都在几百年以上。

寺庙倚山势而建，逐级升高，前后共分四级。现残存的建筑面积大约四千二百平方米。因只是修复，基本保持了明代的建筑风格，基础和路面为条石铺成，各殿堂和左右厢房多为砖、木、石结构。

寺院为宫殿式三层建筑格式，依山型分级整齐排放。一级为庙门和天王殿；二级大雄宝殿；三级法堂和藏经楼。右为三圣殿和僧房；左为客堂、斋堂和居士楼。其中居士楼为土家吊脚楼式风格，上下共分三层，成四合院状，中间天井，西北两面吊脚，其余依山而置。寺院所有屋脊、飞檐都以龙凤配对修建。大雄宝殿内中两根大柱上，各盘有一条金龙。初时，笔者以为是后塑，当从新中国成立前在寺内出家僧人的口中得知，是依原样修复后，我便顿生困惑。

人们都知道，古代帝王等级制相当严。龙代表皇帝，民间是不能随便用的，凡私用者遭灭九族。不得用来装饰屋顶，更不能用在除皇宫正殿以外的民间屋宇。除非是皇宫和皇亲国戚，或者是御封的宫殿、寺院。

至于龙凤配对合用于寺庙则更是禁忌。然而眼前的银杏堂，不但屋顶是龙凤配对，寺内大雄宝殿门口的两根柱头上各盘着一条龙。就连周围的地名和寺名都是龙凤配对。西北七龙寺，西南正龙寺，东南凤凰寺，还有至今未找到遗址的龙凤寺。其他如蟠龙山，王凤沟、官渡河等，无处不与龙凤有关。

面对寺庙这样的修建风格，进一步论证了此庙应该是皇家寺院，至少在明朝时就归属皇家，要不它哪来这么大地界，寺院方丈的留任还得报奏金陵？……

站在寺庙照壁前观看寺院正面，你会有一种似庙非庙的感觉。通常情况下，寺院的正大门应该是三开门，中间为大正门，两旁各有一侧门，而银杏堂的庙门却是单开门，并且门还开得相当窄，门宽才 1.8 米，门的左右边应开小门之处塑着哼哈二将。塑像与门的缝隙间配有一付大篆字体对联：上联为“存一点慈悲心方可登堂观自在，”下联是“有十分坚固力再为入寺拜如来”，门的正上方嵌有“灵鹫宝峰”石雕和“银杏堂”木雕牌匾。

大门的门框完全用石料做成，框内侧分别刻有“演妙法门开般若，空诸相海印真如（据说是明代高僧在此任方丈时所书）”。门框上方两边各悬挂一对狻猊（原是在门框整石上镂空雕，“文革”期间被毁，现为复制品粘上。狻猊：龙王八太子，庙宇专用，通常用于寺庙佛座和香炉上。）两狻猊之间门石抬梁刻有一“奄”字。寺院大门修得如此狭小，又是单开，这倒还真是有些奇怪，如是因场地制宜，那倒情有可原，事实上又不是这么回事。如是因资金的缘故，这也不太可能，门前的台阶都修得这般宽大豪气，寺庙也修得如此之大，就连寺内各殿的任何一扇大门都比正门大。

入寺的进口修成凹型陡坡状。凹型两边全用厚重的石条堆砌成一米五高的石墙，这哪像是缺钱的样子？更为奇怪的是寺院高达十米的正面墙体上方还建有一排廊道，廊道的宽度竟然比寺庙的大门还宽，（庙门 1.8 米宽，廊道 2.5 米宽）廊道成一字形临于寺院正门上方，庙正面建筑物有多长，廊道就有多长，（现廊道只残留了庙左边鼓楼一段，其余部分“文革”期间被当地村民拆了做柴烧了。）站在上面可看清庙前和左右方任何一处的景物。

廊道可通寺内任何一处。正面看庙，格局就像一座被四面围起来的城堡，钟鼓两楼就似瞭望台，廊道好比城墙上的甬道。

除此之外，寺内其它任何一个房间都有一道门通后山林深处。并且寺院后面的每一条路皆不与前面相通，进出寺院都得走正面这一道小门。

寺院的第二级是大雄宝殿，殿高 13.8 米，现为二层重檐结构。原殿为三层，殿高 18 米左右，新中国成立后搬进庙内居住的村民觉得殿堂太高冬季太冷，将第三层拆除。同时被毁的还有嵌在殿前两根大立柱上雕刻十分精美的木龙。木龙自上而下缠绕在一人多粗的木柱上，足有十米之长。（注：新中国成立后，银杏堂所有土地归公有，寺院房屋除当时乡政府和土改工作组办公用房外，余下部分分给了村民。寺内共住进了三十二户，其中大雄宝殿做粮仓和会议室，三圣殿为医务室、托儿所，法堂分配给供销社做商店用，现法物流通处为粮站。）

常去寺院的人都知道，大雄宝殿都应有后门。然银杏的大雄宝殿却是例外，竟然没有后门。仔细观察后发现该殿原是有后门的，并且是标准的三开门，地面上明显留有原门柱孔的痕迹，铺的石板单独成方型，石板走向与原来铺的完全不一样。殿后通往法堂的石台上也留有用来安装木楼梯的柱孔。

原以为是村民搬进来后与拆殿顶时改动的，事实上并非如此。百思不得其解的是为何好好的后门要去堵了呢？

大雄宝殿的后面是法堂和藏经楼。法堂原为三层重檐式宫廷建筑，一层法堂，高六米，二三层为藏经楼，四周均为屏风式木质花窗做外墙，四面呈通风状，屋外景色一览无余。一楼与正大门相对的墙体上画有一幅“狮子吼”的壁画，壁画的外框有八条龙相围。

关于此画的传说各不相同。有人说三百多年，有人说五六百年。笔者在仔细观察之后，发现两种说法都有可能存在。因为在此画的底部还有一幅跟它一样的画，只是原尺寸比重叠在外面这幅小些而已，现在能看得清楚的这幅狮子吼是在原图的基础上扩大了再画的，可以肯定的是原画的年代相去甚远，值得庆幸的是它没有被毁掉。

关于此画，笔者曾问过许多的老人，都没法说出他的具体年代，在翻阅相关史料时，偶尔在破山大师撰写的《黄龙寺碑文》中提到“自鹫灵分灯，而寒光热焰莫可胜记。则幢幢列刹相望者，天越黄龙第一也。是寺，去渠邑城北二十里，建我朝隆庆年间，兴而复废，递至天启三年顷，出观止法师，于是做狮子吼……”以上文字中的“鹫岭分灯”，联想到灵鹫峰上的银杏堂和法堂内的这幅“狮子吼”图，是否关联？有待推敲。

再说法堂，现今存留的建筑总高 12.8 米。原三层的重檐式建筑只剩两层，据新中国成立前在寺内学艺的秦重阳老人（93 岁）和附近村民回忆，原来的高度至少在 18 米左右，二三楼之间还建有回廊（走廊）。回廊绕着楼房一圈，宽度和大门顶上的走廊同等，可四人并行。回廊的栏杆上雕有很多精美的图案，大多是些花草人马、怪兽。

楼内原用于寺庙存放经书，站在廊道和楼内可视寺外全景。新中国成立后，法堂分给供销社开商店，因山里潮气太重，许多商品需要防潮，二三楼原本是最理想的处所，只是太高搬上搬下不方便，于是将其楼层放低，同时又将回廊拆除，经书被毁。据村民回忆，拆下来的木料村民和芭蕉小学校做烤火柴足烧了一个冬季还有余剩。

现芭蕉小学，原是寺院净缘大和尚为方便附近村民孩子读书，于民国初年用寺庙塔院开办的学校。关于该学校的设立还颇受了一番周折。民国初年，县衙想侵占寺院地产，以兴办教育建学校为名，叫寺院让出部分地界，净缘和尚为此将官司打到省里，（还传说官司打到上海、北平，寺内最后一块地界碑上落款是署布政司总督部堂，此机构应是当时的四川总督府。）

寺院左右两边分别为斋堂、三圣殿和僧房，以及居士楼。各楼道及房间都可互通，并还有暗道通后山原始森林。各房间都设有后门，无论你处在什么位置，只要发生紧急情况，都可快速撤离该寺。

令笔者困惑的是，一座寺院何因修成这般格局？如是为防止火灾便于撤离，可有些地方确又故意设置成机关型。例如可直行的大门为何要修成下沉式凹状，正大门还没后门大，凡住人的建筑楼两边皆有暗道相通。这其间又隐藏着什么秘密？

四、古寺碑刻之谜

除了前面所谈到的大门上的刻文外，寺中石碑刻文有许多难解之谜。奇怪的是一座拥有千年历史的古刹除了建筑保留着明代风格外，碑刻文字却找不到半点唐、宋、元、明，以及前清的碑记。现发现最早的一块石碑也是清乾隆十六年，乾隆前三代也没留下任何片字残言。

仔细观察后发现许多碑文是在原碑上磨去了以前的文字而重新刻上的，特别是几颗大石柱上的文字，原有的笔迹都未完全处理平整，还能隐约见其字。

其它碑文皆因雕刻太深，属诗文类的都找不到署名。有的虽有标题，但明显是后加上的，正文笔迹与标题笔迹根本不是一个人所写。而大凡这类的字碑，书法水平和雕刻工艺都为上乘之作，不像是普通人所书。

观寺院的碑刻文字，四处都布满了神秘的色彩。上乘之作的书法加上精美的石雕，这远在几百年前交通不便的深山里，寺庙又是从哪里弄来这么多墨宝和工匠来完成此庙的修建？又为什么要抹去原有的文字记载，并且是大面积的涂抹？

目前寺内发现最早一块乾隆十六年碑文中明明记载的是“本寺第三十六世方丈”，那些前三十五世及其碑刻书文所记为什么非要消抹得干干净净？难道该寺曾发生过什么重大的事件？难道康熙年间发生在西南的庙灾事件，银杏堂这座藏于深山之中的寺庙也没能逃脱，因此灾后有幸再回到寺院的僧人为了掩盖从前的东西，不得不抹去那段历史？

五、寺庙地名之谜

古寺依山而建，前临官渡河，后倚盘龙山灵就峰，四周风景秀丽，古树成林，山峰重叠，峰形奇特。

灵鹫峰：蟠龙山第一峰，面积不足三百亩，因每年二月至七月都会集居众多大型鸟类来此栖息繁殖后代而得名。又因其酷似龙的头，从而得以龙头著称。

蟠龙山共有九个山峰，山峰排列从低到高再回到低处，每个突起的山峰各表示龙的脊椎，前后共计九节，依官渡河而盘。其中灵鹫峰为最低峰，原因是此时的龙正将龙头伸进山前的官渡河中饮水，官渡河水也因此被龙的嘴挡住了流路，不得不绕着龙嘴画了一条弧线流向下游。

从龙潭沿着龙嘴直上六十米便是龙的眼睛，龙眼是一对水塘，对称的镶嵌在山的两侧。水塘常年有水，从对面山上看整个灵鹫峰还真跟传说中的龙头没什么两样，寺庙的主体建筑就建在龙眼的眼睑、前额及头盖处，气势威雄而伟岸。

翻开《石柱厅志》山水篇中记载：“城东北二百里临溪……北为官渡

河，至龙潭坝合流，过河嘴场，经利川东皆东北流。……”

奇怪的是此河为何叫官渡河。通常情况下，古人起地名无外乎喜欢用姓、山型地貌、暗喻、历史事件、传奇故事，以及名人逸事等几种原因起地名。

官渡河，字意理解可有两种意思，即渡官的河或衙门设的渡口，关于官设渡口这事不可能存在，因此河不能跑船。唯一解释得通的就是此河曾有某位大官来过，或者当年是东北门户入石柱官道上的必经之河，大量官员常走之路，因此而得名。

历史的影子似乎也在隐约地证明这点，从古时石柱的疆域上可以看出，原蟠龙寺共有五条道路，两条通万州，两条通湖北，一条入石柱，外加黎场二条，无论你走那条路入石，必走官渡河，再加上明末清初无数的达官贵人频繁地进出石柱，路经此河，起名官渡河也就完全有可能了。（关于这点，笔者会在石柱人物之谜中讲述。）

至于蟠龙山，石和尚，朝阳远寨，船石山，金盆（屏）山等大都是根据地形山貌、景象所得名。

在这里重点要说的是王凤（奉）沟。王凤沟位于银杏堂左侧五百米的山沟里，关于王凤沟，本地人只知道它原是秦姓人的地界。民国时因家族传人吸食鸦片败家，将老宅转卖给了李姓之人，现居住在王凤沟里的大都是李姓人。现今老宅已被毁大半，通过残留下来的建筑物，还能感觉到昔日的豪华。

老宅依山而建，四周封闭，进入宅内就一条独路，视线良好，无论你从那个方向进入王凤沟都可看到。老宅除靠山边为一层建筑，其余部分为二三层，宅内有两个大的天井，天井两边都是木质材料修建的小二楼，总面积不下两千平方米。大门为三开门，一条宽大的石阶直通山脚，宅前残留的老基础石墩、石条以及碾米槽，一眼就能看出当年此处不是一般人家能建得起来的。

该宅建于何朝何代，几乎是没人能知。有人还依稀记得早在刚解放那几年，宅外有人新建房之时曾挖出过一块碑文，因在场的人都不识字，就打碎当石料处理了。“文革”期间，许多有文字的碑文都与银杏堂一样遭到严重破坏，同此情况的还有芭蕉滩（现联盟村）上的秦家祠堂。

由于历史的原因，王凤沟这个地名转眼间也成了一个谜，年代不详、历史成因不祥。

蟠龙寺、王凤沟、官渡河、凤凰庵、七龙寺、正龙寺、龙凤寺、这些名称无不浸透着皇家的气息。联想到破山大师语录中的那些回帖和临别赠言，还有银杏堂那张被毁的龙床。（该床为典型的明代大床，里外共三层，可在床内会客喝茶，只因床内的雕刻毁坏严重，没法确认龙的形态。现存一农户家中，是土改时从庙内分得的财产。）

再则，明末清初朱蓉番为何派重兵攻打石柱？兵部尚书吕大器听说石柱遭围急派李、于两位大将前去解救，后又为何知事不可为急改令，秦良玉又为何知道她死后石柱必遭围？这一切都成了今人心中的种种疑问。

六、古寺人物之谜

永真智先：谈到银杏堂的人物之谜，首先要说的是永真智先（又作永真智光）。他乃蟠龙寺大和尚（方丈），又任三教寺住持，名号永真上人。至于他是何方人氏以及年龄，言之不详，圆寂后葬于石柱三教寺，与秦良玉墓地同葬在回龙山上。

关于永真上人，历史记载很少，大都是一笔带过。破山大师的语录中关于他的情况也只是简要说明了一下。大师在《永真上人像赞》中详绘了其形象：

“手握金扇，瓶插桃花，始得渠力，香遍天涯。灵云见而不疑兮，笑倒玄沙。盐官索而有意兮，恼杀渠家。拈此二物而格真兮，知音可佳（嘉兴藏本作“嘉”）。咦，卷舒密密全生杀，开落明明示正邪。”

除此之外，大师还在《吊永真上人》一诗中这样写道：

从军识面始为因，避乱重逢拂袖行。
气岸夙坚超彼岸，归仁远大过能仁。
丛林炳焕招龙象，法范森严奔水云。

吾将鄙句开灵骨，永镇金刚不坏身。

通过大师的文字，明显地看出民间关于永真上人的传说并非虚构的故事。在破山大师年谱中也记录了破山入石避乱是秦良玉差永真上人去忠州（今忠县）接入石柱的。

破释诗中含义，破山大师初识永真上人是从军的时候，来石柱避乱是二次重逢。永真上人原本是僧兵将领，而破山大师又是何时从的什么军呢？此又一大困惑。

诗中写到“丛林炳焕招龙像，法范森严奔水云”此两句有些难解，招龙像指的是什么？民间传说永真上人是受明崇祯皇帝封赏的僧兵将领，诗中暗喻的是不是这事呢？（关于僧兵一说，笔者将在僧兵之谜中详叙。）

民间流传，永真上人在任蟠龙寺（今银杏堂）方丈期间一直兼任秦良玉的白杆兵总教头，曾随秦良玉播州平乱、三次进京勤王、血战清兵、京都受封等，为明朝廷立下了显赫战功。《今古传奇》以及《石柱故事》等当代杂志也以他的传奇故事为背景编写了许多保明抗清的民间故事。

传奇总归是传奇，需要的是事实来证明，为此，笔者曾阅读了大量的明史资料。在破山大师年谱中查到“1649 年，（清顺治六年，明永历三年。）师五十三岁，崇山马宣慰，请师为祖秦太夫人良玉对灵小参。三教主人常然公，为师永贞（此处应为后人抄录笔误，应是真字）长老请对灵小参。……”此段文字记载为师永真长老到底指的是秦良玉的师父，还是马宣慰之师呢？

笔者认为应该是秦良玉之师。因为早在播州（今贵州遵义市）平乱之前永真上人已是白杆兵的总教头了，而在平播州土司杨应龙叛乱之战中立下赫赫战功的是秦良玉后带去的五百亲兵。

关于这支队伍史料中记载颇多。《明史》秦良玉传一节中，《石柱厅志》承袭篇中都有记载，而这支部队的前身并不叫白杆兵，而是手持白棒的僧兵，也就是蟠龙寺（银杏堂）的武僧，破山大师从军于永真上人名下时曾在《寄昆山于将军》一词中这样写道：“和尚将军，将军和尚。

情有僧俗，理无背向。君之宝刀，我之白棒。杀人打人，当仁不让。”此诗证明了原蟠龙寺僧兵所使用的武器乃一根白棒。至于后来又怎样演变成白杆兵，棒头又被装上金属钩头，不用多说道理就不言而明了。僧人是不能杀生的，白棒只是防身驱逐之用，棒头自然不会去安装锐器，而用于战争不杀生的戒律就随之而改变了。

永真上人早在平播之前就已经帮助秦良玉训兵，并随征四海。诗中的马宣慰乃秦良玉之孙马万年，征播时马万年的父亲马祥鳞还未生，所以永真上人不可能是马万年的师父。

至于永真上人这样一位在民间传得神奇的人物，为何史料上又很少有记载，这其中的缘由令人费解，但有一点可以说明，假如当初在西南地区反清复明的僧兵，没有让清政府感到难以应付的话，康熙皇帝就不会制造“西南庙灾”的惨案了。

破山大师：史料记载：“破山海明禅师，天童密云悟之嗣，乃蜀之渝城，继徙大竹，蹇氏族也。生于万历二十五年（1597 年）丁酉正月二十一日午时。舒毫挺秀，天资过人。亦曾娶妻而生子，淡然事务，十九落发为僧……”关于大师的史料记载各种版本太多，在此不做详述，笔者重点要说的是大师自海宁天宁寺回蜀后的相关活动记事，以及在石柱的十年时间里与大师相往的众多神秘人物。

由宗教文化出版社出版的西南禅学研究丛书《破山海明禅师语录》大师年谱部分记载：大师自 1632 年入蜀夔州（今重庆奉节）之万县始，至 1653 年秋梁山邑（今重庆梁平县）福国寺（今双桂堂）破土动工止，前后共计二十一年时间。其中在石柱的时间有十年，现存于双桂堂四界碑上也刻有“师避乱南宾，逾十稔……”的记录。

根据碑文内容往后推，大师初入石柱应是 1641 年。年谱中也记载明朝廷吏部尚书牟秉素与四川总制樊一蘅肃简迎师于蟠龙（今银杏堂）恰巧也是该年。唯一不合的是《破山明和尚行状》一文中说的是蟠龙解制在前，肃简迎师蟠龙在后，年谱上确把蟠龙解制置后。年谱只记载了与佛事活动相关的事，并未对大师在石柱期间的其它事情做片言提及，似乎是故意要掩盖一些什么东西。到底是要掩盖什么呢？

翻开大师的语录和诗集，细读大师《僧兵自感》：

削发为僧三九年，将期此世得完全。
谁知趋吉遭涂炭，始信随缘受倒悬。
济众日携解虎锡，从军时荷赶山鞭。
老来不问圣贤节，半学兵书半学禅。

解大师诗之第一句“削发为僧三九年”，发现大师入住蟠龙寺时，其原因和身份却非同小可。师十九岁削发出家，三九之数为二十七年，十九加二十七等于四十六。大师 1597 年生人，四十六年后是 1643 年。年谱记载 1641 年师由明吏部尚书牟秉素肃简请入蟠龙，1642 年蟠龙解制。诗中显现此时的大师其身份是僧兵。

年谱又载 1644 年由秦良玉差永真上人接师入石柱避战乱。大师在《吊永真上人》诗中又写道：“从军识面始为因，避乱重逢拂袖行。”再一次点明了大师当时的身份。这几处的不谋而合，加上银杏堂被人为抹去了的碑文文字，以及康熙年间的西南庙灾事件，使笔者觉得这里面暗藏着一个重大的玄机。

为什么会有这样一种想法呢？

其一，作为一个地方寺院来说，选任一个方丈为何要由吏部尚书和川蜀总制肃简恭请？古朝寺院历来归礼部管理，就是皇家寺院也属礼部管制，吏部请僧入寺则显不寻常。大师入蟠龙时又是僧兵身份，原蟠龙寺方丈永真上人也是僧兵身份，并且还是和尚将军。当大师入住蟠龙寺后，永真上人又干什么去了？让人不能置之不想后是其时正逢明、清、李自成、张献忠等于西南混战之时。

其二，自 1643 年至 1653 年秋双桂堂动工前这十一年时间里，与大师频繁接触和书信往来的人，大部分是南明重臣，都是些肩负着反清复明重任的将军、官吏。除秦良玉外，更有兵部尚书王应熊、吕大器，西南兵马总制樊一蘅，吏部尚书牟秉素，总兵李占春，余大海，谭氏三兄弟等，以及其它一些前明朝退到石柱躲避战争的众多知名人士。

《破山大师语录》中大师回函所涉及的知名人物不计其数。通过语录中的各种诗词稿和信函，以及其它柬文偈语等不难看出，当时的破山法师身份十分特殊，蟠龙寺（银杏堂）内藏的秘密更是高深莫测，因为如果大师仅仅只是一个世外高僧，不可能会广泛接触到这么多的政要人物，当时的石柱如非紧要之地也不可能会频繁出现众多的南明朝官。

留待后人猜忌的是：大师到底是以什么身份入住的银杏堂？是国师还是其它什么？或者寺庙内还住有另一重要人物，而这人是能号统所有将士官吏的？

关于庙内是否真住有此人，史料没有任何记载，只是许多的疑惑都有此指向。新中国成立后打土豪分田地时一秦姓农户从寺庙内曾分得一张明代大床。此床共分里外三层，里层为卧室；中层各置有一对椅子和衣柜；外层可供四人饮茶闲聊，整个床足有十二平方米，只可惜木床上雕刻的图案已被毁损，否则还能猜出些端详来。

此外寺内方丈室原有一地下甬道直通后山（现已被填平）；至今，当地众多与龙与凤相关的地名更诱引人们的遐想。更不可思议的是朱容藩叛明于夔州（今重庆奉节县）私设朝廷后，曾发重兵攻打石柱，吕相国闻知急派三大总兵李、余、谭领兵前往石柱解围，加上石柱宣慰司本身的兵马，双方投入的兵力近三十万。

然而此时的南明皇帝又身在何处呢？

翻开《明史》和彭真泗撰写的《蜀碧》，从中不难看出南明朝廷其实是一个流亡朝廷。1646 年广东肇庆建都称帝以后，先后移住广西桂林、全州、贵州安龙、云南昆明等地，至于永历帝朱由榔在流亡过程中是否曾到过石柱，又是从何处入黔建都，历史虽无记载，但是从大师《吊永真上人》“丛林炳焕招龙象，法范森严奔水云”的诗句中似又隐含着让人冥想的寓意。外加上封建王朝等级森严，有关于龙字和龙的图形在民间是严令禁止私用的，而蟠龙寺（今银杏堂）不但寺名有龙，大殿柱头也盘缠两条大龙，石柱的许多地名也用龙字相称：如蟠龙山、蟠龙洞、回龙山、龙潭、龙凤寺、七龙寺、正龙寺等。

当初朱容藩重兵攻打石柱，兵部尚书吕大器派兵解救石柱，可是战事只打到一半就不打了，随后急入石柱取道走黔，接着永历帝在黔安龙建都。再则，让人不解的是秦良玉又怎知自己死后石柱必遭朱贼攻打，暗授防御之术与其孙马宣慰呢？这些无数的疑点真成了后人们心中一个个的谜团。

为了进一步弄清寺庙明末清初那段历史，笔者对大师《语录》中所提及的相关人物做了一番梳理，想从中找出些答案，没想到越理越神秘。自吏部尚书郎牟秉素、总制樊一蘅肃简迎师于蟠龙寺（今银杏堂）之后的十年间（1643—1653），大师所接触的人物不但权高位重，而且大都是明末清初反清复明战争中的各路将军官吏。下面笔者将这些人物简要排列出来，供各位推判。

秦良玉：字贞素，生于1754年，卒于1648年，明朝末期战功卓越的女将军、军事家，中国唯一进入正史的巾帼英雄，四川忠州（今重庆忠县）人，官至明朝光禄大夫、忠贞侯、少保、太子太保、太子太傅、四川招讨使、中军都督府左都督、镇东将军、四川总兵、提督、一品诰命夫人。关于此人一生战绩《明史》《四川府志》《石柱厅志》均有详载，这里就不做详叙。

民间传说秦良玉乃破山大师的徒弟，笔者在永真智光一节中已有所述，此处不再赘言。大师与秦良玉回书及赞其功绩的诗词太多，此简摘一、二：

其一，示赤仪秦居士

春到万红花满山，道人携酒于滨南，
此中拈出无生句，一任鱼龙带月还。

其二，与素贞秦总府讳良玉

传闻道况殊佳，寒暑乘隙，觉主宰不胜于平日矣。人谓之苦，我谓之乐，何也？百骸调适，靡所不为，恨不如佛如仙，飞身拔宅……”

所引一诗一柬之中其“鱼龙”“主宰”似暗藏玄机。

牟秉素：明万历年吏部尚书郎，北京沦陷后又任南明朝廷吏部尚书（详情见《明史》）。不解的是此人在明崇祯年北京未被李自成攻破的前几年，北方正处于战火纷飞的紧要关头，一个吏部尚书郎回四川来做什么？能征善战的秦良玉为什么却在朝廷急用人之际被调回蜀？

尽管史料载秦良玉是因回石柱司招兵，后遇蜀地叛乱之事未能返京，但《石柱厅志》承袭志载有这样一段文字，“……适绵州牧陆逊之罢官过渝，捷春使（邵捷春，时任四川巡抚使）按行营垒，至石柱军垒周视，叹服，曰：不图今日见细柳营娘子军，名不虚传也……”，此段话点明了当时的石柱的战争防御系统是相当完善的。

寺庙的分布也极为奇怪，每隔几公里一座。据民间传说，当时每个寺院都有一口大铜钟，声音宏响清脆，可传十五里远。这是否表明当时石柱的防御设施是以寺庙为主体的战斗堡垒，利用钟声传递信号？

清初，清政府施行宗教的羁縻政策，即尊崇扶持和管理限制，但清康熙皇帝却在川黔边地烧庙毁寺血屠僧众，制造了世称的“西南庙灾，”这之中的缘由是为什么？

笔者将大师（复秉素牟居士）回信全文抄录如下：“金仙氏（佛的称谓）有言：一切有为法，如梦幻泡影，如露亦如电，应作如是观。此个关头，人多忽略，始知今日，又当何如？来谕云：陈蒲鞋，灵隐辈，皆以伎俩却贼，使不入境者，间或偶取一时，非实（嘉兴藏本为“实有”）此伎俩也，若可以却，乌用操戈演武耶？此实是人之谜，甚痴心作业，恶之使然，（嘉兴本无“恶之”二字和本段尾“也”字）的非天地有灾祸人者也。山缁数数经此，只负其物，不负其命。幸窜石柱，得讽教爱，真如隔世忽苏。无奈杖履甚艰，卒难如命，倘鸡足缘熟，自有团话时也。不尽欲言（嘉兴本无“欲言”二字）。”

樊一蘅：（1573—1651）字君带，四川宜宾人，明万历进士，崇祯三年（1630年）迁榆林兵备参议，后进按察使。崇祯十二年招右佥都御史，十六年起兵部右侍郎，总督川陕军务。南明王时期在川节制兵力约二十万，后病死。

大师与其书信如下：

次我劬樊居士韵示非一禅人

（嘉兴藏本题作“次我劬樊总制韵）

两来此地适奇逢，一棒当头继祖风。行脚尚乖荆棘路，归家应笑野狐踪。忘机喜见窗前鸟，落节愁闻饭后钟。不是老僧多卖弄，长人笔底逞词锋。

吕大器：（1586—1649）字俨若，号自先，四川遂宁人，南明大将，官至兵部尚书兼东阁大学士，汀州失守，奔广拥永明王监国掌兵部事，升少傅，尽督西南诸军，从楚入川东界（今重庆市所管辖区）时着僧人打扮进石柱。

朱容藩攻石柱，吕大器派李占春，于大海，谭氏三兄弟讨伐，后不知何因知此事不可为，仗打到一半便领兵离石入黔，1649年于贵州思南病死，同年南明皇帝于贵州安龙建都。

大师与之交往颇深，所留墨迹也多，现摘录一两节供参考：

寄东川吕相国讳大器

老僧行径惹人疑，不作将三就两时。桃李也随肝胆露，难兄难弟吐诗。"，又文：《与东川吕居士讳大器》（嘉兴本题作与东川吕相国）"向慕不凡肌骨，而未获一觌面耶。幸弹丸地上相逢，此奇缘也。势不可不斗胆，果符素心，（嘉兴本"果"作"以"）漆桶子快，不然老僧与阁下，只当咫尺天涯矣。（嘉兴本无"只当"二字）承命敝檩张公，坚留三教寺。

再话"兔角杖挑潭底月，龟毛绳缚树头风"。只山中人接欲归，聊具瓢拂，机缘偈语，以悉鄙衷。（嘉兴本"瓢拂"作"偈拂"）附来书：不受棒喝，却也自能解脱。一阵黑风黑雨，原自天郎日晴。只苦一伙盲人，不识此段因缘耳。远承切念，更损珍物，从此拜教多矣。他年天台山上，幸以只手相携也。并呈一偈：万丈潭头横夜月，千重宿雾扫晴天，他年合作三生石，始信因缘不偶然。

王应熊：（？—1646）明末四川巴县人，字非熊，号春石，万历进士，崇祯六年（1633年）晋礼部尚书兼东阁大学士，南明福王（1645年）改为兵部尚书，总督川湖云贵。孙可望袭破遵义，兵败遁入川东永宁（今重庆市永宁县）山中，1646年卒于贵州，其职后由吕大器接任。

大师有《上王督师讳应熊》书，中有令人深思之处：

尝闻一言愤事，一人定国，恭维大金汤，多福天子下一人也。虽处危时，恩被泉石，不以好恶二其心，治乱失其节，诚然圣之时者也。幸甚，幸甚。山缁乃沟壑中物，况无片席寸土之宁。鸡需鼠耗之食，蹩躄所骋，不逾咫尺，望龙车不帝天际耶？奈何，奈何！吾徒破雪，尚叨福庇，归之甚安。面山缁不德，老无结局。瓢竺云山，放身荆刺。屡经狐鼠之乖，魔妖之异，欲赖之无门，脱之无计也。偶作意间，快得张擅越遵义之归。幸呼吸之附，颛徒走恳不忘灵山付嘱，垂只臂以慰悬晴，是祷是荷。

书中所说破雪乃大师的徒弟，破雪亡后大师曾写有悼词：

吊破雪吾徒

将谓驴年一祸胎，谁知先我别尘埃。
空摇断舌法堂冷，远送残衣方丈开。
四海传声惊木落，三巴取泪洒吾脐。
颛人特地来相语，愿子灵机永古锥。

另，书中张擅越应指石柱三教寺主人张公。费人寻思的是，此时大师还在蟠龙寺任职，其身份也还是僧兵。那时原蟠龙寺的僧兵大都住在三教寺内，而大师之徒破雪随军在黔干什么，其中还有张公，难不成蟠龙寺（今银杏堂）永真智光统领的僧兵也在其中吗？

因大师《语录》中所涉人物和事件太多，笔者不能一一抄录。另《石柱厅志》中也述记许多明末要员。例如，石峰寺（城东南六十里万寿山之西北）净石和尚，本姓名高作霖，江南金坛人，明贡生。初任定远令，历官至观察使。乱后为僧，流寓于石。石柱像此类流亡之人不知其数，奇怪的是大都寄宿庙内为僧。

七、寺庙僧兵之谜

谈到僧兵，首先得从民间传说奉旨结婚的和尚谈起：

明朝末年，大明王朝内外交困，各地战事频连发生。1631 年，大清皇帝皇太极领兵十万，一举攻破长城喜烽口，杀奔北京。京城告急，崇祯皇帝急诏天下兵马赴京勤王，秦良玉的白杆兵也在特诏之列。当白杆兵从遥远的西南赶到北京时，前到的几路大明勤王人马见大清精兵的声威吓破了胆，消极观望不敢应战。

秦良玉见状，急令 4500 名白杆兵从正面和两侧猛攻两万多名大清王牌军，又令军师白杆兵总教头永真智光大和尚亲率 500 白棒僧兵从敌后杀入。僧兵入阵如猛虎下山、蛟龙出海，智光大和尚更是如入无人之境，一支白杆枪使得出神入化，所向披靡。杀得清军尸横遍野，血流成河，就连崇祯皇帝，也亲自登上城楼，为白杆军擂鼓助威。

两万多大清王牌军惨败给五千石柱白杆兵，皇太极恼羞成怒，他一边紧急增援王牌军，一边发动全面进攻，企图使用人海战术，一举消灭孤军奋战的白杆兵。这时，消极观望的其它勤王部队，见白杆兵以少胜多，信心大增，纷纷投入战斗，打得清军全线溃败，四处逃命。

战后，崇祯皇帝重赏石柱白杆兵将士，轮到永真智光大和尚时，皇帝封官他不当，赏土地白银他不要。崇祯皇帝笑问：你一个和尚，官不当，钱地不要，难道要美妻佳妾不成？此话正和他意，永真上人从军后一直和秦良玉的养女范冬梅并肩作战多年，几度相协而生，建立了深厚的感情。只苦于自己是个和尚，不能破了佛门戒律，现有皇帝金口封赏，何不应允？

皇上接着又问：谁愿嫁这和尚？

在场的秦良玉会意，立即拉出养女范冬梅，叫两人跪谢皇上。崇祯皇帝大喜过望，立下圣谕：智光，范冬梅，回石柱完婚。

这段故事就是皇帝赐婚的传说。后秦良玉重修三教寺作为僧兵训练基地，永真上人也离银杏堂而迁住三教寺。

再说僧兵之事。历史上关于僧兵的传说颇多，其出处大多指的是少林寺。现如今通过破山大师《语录》中的（僧兵自感）（吊永真上人）得以证实确有其事，而且石柱银杏堂和三教等能享有僧兵的建制也定得朝廷所准赐。否则银杏堂不会有这么大的封地，也不会出了他这个和尚将军。至于僧兵的神勇，并非神话，康熙年间发生的西南庙灾便是因僧兵在南明时期的反清复明中曾重创清军对西南的平定。

关于明末清初反清将士如何利用寺院做防御系统，抗击清兵进攻，保境安民、反清复明等，笔者将在寺院布局之谜中叙述。

八、石柱寺庙布局之谜

据《石柱厅志》和《大师语录》所记，石柱在明末间的大小寺庙多达近两百个，平均每五公里就有一个。寺庙大多修建在各个交通要道和隘口上，山顶上的庙可看清四方来人，无论你从那条通道入石，最先看到你的就是庙里的僧人。如果是部队侵入，寺院只要敲响钟声，消息瞬间可传递到石柱每一个角落。

众多的寺院中除银杏堂、南城寺、三教寺为大庙可住几百上千人外，其余寺庙大的能住一两百，小的也能住十几号僧人。三处大庙中属银杏堂最大，能住上千人。所处位置乃石柱东出湖北、北至万州的主要通道旁。五条境外道路离主庙五公里外都建有下院。

第二大庙南城寺建在今石柱西坨镇长江边上，该河道主通渝城（今重庆市属地），庙对面是今忠县石宝寨，明末由总兵谭宏守卫。此段河域曾发生无数次战斗，最大一次仅俘战船就有上千只，解救前明朝官兵家眷近两万人，曾一度令清兵不敢从水路进攻重庆。不仅如此，南城寺周边还建有其它大小寺庙七八座。

第三大庙三教寺。三教寺乃集佛、道、儒三教为一体的寺庙，全国仅有两座，另一座在今酉阳龚滩，同属秦良玉所修。三教寺是全国唯一一座经明崇祯皇帝恩批的该寺僧人可以取亲生子，破戒吃肉喝酒的寺庙。其原因笔者已在僧兵之谜中谈及。

该寺建筑面积约三千平方米，可容五百人左右住宿。该寺离石柱县城四公里许，位处县东回龙山上，前临南滨河。寺前河道、山路、峡谷尽收眼底，不失为县城东部的防御咽喉之地。秦良玉勤王回石后重修三教寺，既作屯兵之地，又为防御之垒。

顺三教寺入南滨，县城的寺庙更是多得惊人。东西南北的隘口、出梁，都建有庙宇，大小计四十八座，真可号称庙城。虽说现如今已被毁殆尽，但县城沿留的大小街道都还保留着原寺庙的名称。如上清寺、太子庙、城隍庙、观音堂等。

明末清初的石柱，人口不足十万，竟然拥有这么多的庙宇。如此之大的财力，如此之多的物力、人力，如此浩繁的工程修建从何而得的支撑？就拿现在的银杏堂来说，要想修复到明朝时期的样子，据测算至少都要耗资 1.2 亿，更别说还有更庞大的都督府了。

翻开史料，石柱从宣抚司升宣慰司，那可是用生命的战绩堆积起来的。万历二十八年播州平乱，发兵三千五，没有回来多少。泰昌时，发兵八千勤王，回来更少。奢崇明叛乱，发兵七千，此战几乎折兵大半。平乱后二次上京勤王发兵五千，时又遇蜀内乱，良玉奉皇命回川平乱，此战损兵不下四千。张献忠侵占四川，发兵三万，后剩秦良玉及二三百僧兵回，几乎全军损失殆尽。

顺治元年，良玉再度发兵一万救夔州，因寡不敌众溃回石柱，至此石柱再无力发兵。

根据以上战争史料分析，不足十万人口的石柱宣慰司，仅战争就损失了近六万人员。到顺治十六年宣慰马万年降清，走下万寿寨时，全境军民合到一起计，还不到五千人。

试想，自顺治元年开始，秦良玉几乎没什么兵力了，连年的征战几乎耗尽了石柱的所有财力物力，《石柱厅志》也载顺治元年保重庆时，秦良玉借五溪兵（苗族兵），只能出粮万人。就是在这种情况下却坚持了整整十五年的抗清战争，这期间无数的明末重臣频繁出入石柱，野史又载吕相国屯兵于石柱。这其间又隐藏了些什么秘密呢？

另，史料还记载石柱防御系统坚若磐石，无数劲敌不敢入侵，就连不可一世的大西军也不敢踏进石柱边界一步。然而，此记载表面上看起来与现实很难相合，因为，无论笔者怎么寻找，都未找到一丝蛛丝马迹，如此坚固的防御工程不可能毁得不留下一点痕迹。后来通过对石柱古代工程的研究发现，除了寺庙为大工程外，其余几乎没什么大的建筑群体。所辖各乡镇都留有寺庙建筑遗址，凡在通石柱县境的交通主道上的镇，寺院就有好几座，庙与庙间的距离五至七公里。

如此庞大的寺院群体，使笔者猛然醒悟：原来石柱本无防御系统，真正用于抗御外敌的工程是寺院。平时是寺院，敌人入境后，脱掉僧袍的僧人就是兵。一家寺院响钟，瞬间全境知晓，调兵遣将可在短时间内完成。如不知该用兵之道，再强大的军队也难逃被歼至灭的结局。

正如破山大师《语录》中所云："阖放讲武，累世谈兵，虽当大乱之际，无敢侵梁万之疆，安居在阵，云阐化亦如治世。"

康熙行西南灭庙惨案之起因，如此想来大都与僧兵有关。

九、石柱厅志遗失之谜

《石柱厅志》载现厅志为乾隆三十五年后补厅志，由石柱直隶厅同知王萦绪编撰。在这之前曾有石柱土司舍人马斗炜编撰有一本《石柱宣慰司志稿》，乾隆初年该稿移驻石柱理事夔州云安厂同知黄克显携去遗失，此稿未刊刻便遭丢失。

对于此稿的遗失，笔者觉得很是奇怪。如前所述银杏堂也是在乾隆初年抹去了寺内的所有文字，甚至连碑刻诗文都未留下。再追溯历史，正值乾隆帝下令重修《明史》，各地都接到指令上交县厅志。可石柱却偏在这个时候遗失厅志，世间之事竟如此巧合？就算是逢巧，那蟠龙寺在这个时候更名为银杏堂，同时也抹去寺内原有文记，这又作何解释呢？

从康熙年间庙灾起至乾隆年间止，因文字狱、修明史所造成的灭门惨案频频出现。彭真泗的《蜀碧》就因文字狱而不得不改得面目全非，且险些遭灭门之灾。多少文人士子因诗集文稿被牵强附会的字讳而屈死九泉。而为晚明立个汗马功劳，特别是作为南明反清复明西南重地的石柱。此志如上交于朝廷，该地不知多少家族将遭到灭门之灾。

关于这点，作为官至同知的黄克显不可能不明白。至此厅志的失踪之谜岂不是情理使然？

寺内新挖掘出来的木刻上清晰地雕有"室者自少昊迄怀宗四千五百八十六年中几不可多得。甚哉，守成之匪易易……事也唯我，国朝自世祖开基……圣祖嗣统逮三传而至……宣宗成皇帝圣圣相承，世守勿替，国家承平已数百年矣。方今……皇上御宇，神武英明，仁慈恢廓，远鉴帝王兴废成败之局，近守祖宗缔造艰难之德。中外肃穆，皇图巩固。骎骎乎，有万世无疆之休马。难曰……”尽管文字残缺不全，但作为皇家用来镇龙脉的寺院银杏堂，已足以为证了。因此，归属吏部管制，迎请方丈报奏皇朝核批就理所当然了。

（木刻文中“少昊”指远古时羲和部落的后裔，东夷人的首领，传说中的五帝之一。少昊生于穹桑（今山东曲阜北），公元前 2598 年—2525 年，公元 1012 年垒台成雕像。

怀宗指明朝崇祯皇帝，宣宗成皇帝指明宣宗朱瞻基。

关于银杏堂古寺之谜，暂且到此搁笔。只因寺院历来遭人为毁坏严重，许多物证都残缺不全，至今还有些文物失落民间和埋于塔院农户屋基之下。再加上寺院远离闹市区，离最近的县城也有六十多公里，查找相关历史资料也极为不便。有些资料还得到省一级图书馆才能查到。因此，文中难免有些错漏，或引证难符。不过，笔者相信总有一天，这段历史会还原来的面目。

后　记

《皇家寺院银杏堂》就要出版了，本书前期初稿由杨再奎完成，后期文字统筹与“牌匾楹联碑文实录”部分的图片由刘建平完成。本书意为抛砖引玉，希望能得到对这段历史感兴趣的学者和专家的批评、指正。目前，令人深感痛惜的是，寺院已经为白蚁所困、残旧不堪，留存的文物也已开始风化剥蚀；散落于民间的相关文物，笔者再没能力收回了；已收回的又难加保护。在这里衷心希望有识之士能共同关注、共同保护。

在此书出版之际感谢石柱土家族自治县县委、县人民政府两届领导班子，对笔者近两年来在寺内研究古寺历史的关怀；感谢赵丛苍教授和华岩寺方丈释道坚为本书作序。感谢县民宗委、文广新局、旅游局和县志办等单位给予的方便和支持。感谢那些远方为笔者提供查阅资料的朋友；感谢本地村民提供了众多的考证史料。特别是近年来，县政府对古寺危房的关注，为保护银杏堂这座重庆市重点文物寺庙而四处筹集争取资金，感谢文管所提供文物保护的努力；感谢民宗委民族文化研究所文化项目为该书的出版提供资金帮助；同时，也要感谢所有热情支持、默默提供帮助的同仁和朋友，在此，笔者一一致以深深的谢意！

二零一四年草于银杏堂